Kurt Bohr *(Hrsg.)*

Kunst kennt keine Grenzen
Erinnerungen an Hermann Wedekind

Schriftenreihe der
Saarländischen Gesellschaft für Kulturpolitik e. V.

Kurt Bohr *(Hrsg.)*

Kunst kennt keine Grenzen
Erinnerungen an Hermann Wedekind

Saarbrücken 2010 ®
VERLAG SAARKULTU®

Bibliografische Information der Deutschen Bibliothek
Die Deutsche Bibliothek verzeichnet diese Publikation in der Deutschen Nationalbibliografie;
detaillierte bibliografische Daten sind im Internet unter <http://dnb.ddb.de> abrufbar.

© 2010 by Verlag Saarkultur gGmbH
Saaruferstr. 16 | 66117 Saarbrücken
Telefon: 0049 681 589 10 33 | Fax: 0049 681 589 12 31
E-Mail: info[at]verlag-saarkultur.de | www.verlag-saarkultur.de

Umschlag + Satz: conny paulus design & photographie, Völklingen
Druck: Prisma Druck, Saarbrücken
Printed in Germany 2010
ISBN 978-3-9813041-2-1

Inhalt

Ernst Schröder
Karl John
Marianne Hoppe
Marie Wimmer
Hermann Schom

Vorwort

Dr. Kurt Bohr

Die saarländische Gesellschaft für Kulturpolitik ist 1998 gegründet worden, um den kulturpolitischen Diskurs im Lande zu fördern. Sie hat sich das Ziel gesetzt, die Kultur, ihre Einrichtungen und ihr schöpferisches Potenzial ins Bewusstsein der Öffentlichkeit zu rücken und die herausragende Bedeutung der Kultur für die gesellschaftliche Entwicklung deutlich zu machen. Ein tragender Pfeiler des Engagements der Gesellschaft ist die vor einigen Jahren unter Führung von Peter Winterhoff-Spurk wirkende Arbeitsgruppe *„Erinnerungsorte"*. Sie sieht sich in der Tradition des großen französischen Publizisten und Historikers Pierre Nora, der ein mehrbändiges umfängliches Werk zur französischen Geschichte geschaffen hat, in dem jenseits der traditionellen Historiografie Persönlichkeiten, Ereignisse und Institutionen in Erinnerung gerufen und ins kollektive Bewusstsein gerückt werden sollen.

Die Arbeitsgruppe *„Erinnerungsorte"* hat in diesem Sinne 2007 zunächst an Elisabeth von Lothringen erinnert, die gegen Ende des Mittelalters als erste Frau eindrucksvoll die Geschicke der Grafschaft Saarbrücken lenkte und gleichsam der französischen Literatur in deutscher Sprache ein Denkmal setzte.

Ihr folgte 2008 der große Barock-Baumeister Friedrich Joachim Stengel, der in Saarbrücken und der gesamten Region zahlreiche architektonische Glanzlichter geschaffen hat, und im September 2010 Karl Friedrich Schinkel, der herausragende preußische Architekt, Maler und Städtebauer, der dem Saarbrücker Ortsteil Bischmisheim ein Kleinod des Klassizismus schenkte. Sichtbares Zeichen dieser Erinnerungsarbeit sind Stelen, deren Modell im Rahmen eines öffentlichen Gestaltungswettbewerbs von Vera Schmitt geschaffen wurde, aber auch Erinnerungsbücher, die aus diesem Anlass publiziert werden.

Mit der vierten Stele wird ein Kulturschaffender des Theaterlebens gewürdigt: Hermann Wedekind, langjähriger Generalintendant des Saarbrücker Stadttheaters und des Saarländischen Staatstheaters Saarbrücken.

Diese markante Persönlichkeit, die vielen im Lande noch lebhaft im
Gedächtnis sein dürfte, hat das kulturelle Leben im Saarland über Jahrzehnte
vor allem im Bereich des Musiktheaters geprägt. Wedekind setzte wichtige
Akzente als Regisseur und ganz besonders als Entdecker herausragender
Talente, die international Karriere gemacht haben. Bleibende Verdienste
erwarb er sich in der Förderung der kulturellen Begegnung, des schöpferischen
Austausches zwischen Ost und West, indem er auf den Flügeln der Kultur
die starren Grenzen des Eisernen Vorhangs überwand.

Geprägt und zutiefst beeindruckt von den katastrophalen Folgen des vom
Nazi-Regime verbrecherisch entfachten Zweiten Weltkriegs, den er in den
Bombennächten in Dresden am eigenen Leib erfuhr, hat sich Hermann
Wedekind schon früh vorgenommen, getreu seinem Motto *„Kunst kennt
keine Grenzen"*, die Kultur als völkerverbindende Kraft zu nutzen. Dieser
Impuls sollte sein Wirken als Generalintendant in Saarbrücken ganz besonders
prägen. Die freundschaftlichen Beziehungen zwischen dem Saarland und
Georgien waren ein Schwerpunkt seines Wirkens, aber er hat darüber hinaus
vielfältige andere Wege von West nach Ost beschritten. Lassen wir ihn selbst
zu Wort kommen in seinem Grußwort zu der *„Polnischen Theaterwoche"*:

*„Als ich im Jahre 1960 mit der Leitung des Saarbrücker Stadttheaters betraut
wurde, erklärte ich auf die Frage, welche besonderen Akzente ich zu setzen
gedenke: ‚Wir werden alljährlich Theaterwochen im Zeichen der Völkerverständigung durchführen.‘ In diesem Sinne fanden bisher amerikanische,
französische, schweizerische und italienische Theatertage statt. Danach lag
der Gedanke nahe, unseren Blick nun einmal auf die Länder im Osten zu rich-
ten, von deren heutigem Theaterschaffen wir so wenig wissen. So fiel die Wahl
zunächst auf Polen und für das nächste Jahr auf Jugoslawien.
Als wir vor einem Jahr die ‚Polnischen Theatertage‘ planten, wussten wir
zwar vom Hörensagen, dass es in Polen ein vielfältiges und reiches Theaterleben gäbe, aber wir konnten nur ahnen, welch glücklichen Griff wir getan
hatten. Denn im Laufe des Jahres wurden auch in deutscher Sprache einige Neu- und Wiederentdeckungen bekannt, deren Bedeutung weit über
den lokalen Anlass und Ursprung hinaus wies. So wurde es uns möglich,
nicht nur ein weithin unbekanntes Theaterschaffen vorzustellen und damit*

*dem Verständnis näherzubringen, sondern gleichzeitig das Gemeinsame,
– uns mit dem Fremden Verbindende – aufzuzeigen. Das scheint uns – gerade
unseren östlichen Nachbarn gegenüber – so nötig, damit die aus Unkenntnis
und Vorurteil oder Schuld gewachsenen Wände überwunden werden. Und ich
meine, dass sich dazu besonders das Theater eignet, ist es doch der Raum, in
dem sich alle Menschen über Parteien, Konfessionen und nationale Grenzen
hinweg, durch den Geist eines edlen Genius der Menschheit erhoben, im Er-
lebnis der spielenden Gemeinschaft begegnen. "*

Heinz Garber, viele Jahre Hörfunk- und Fernsehdirektor des Saarländischen
Rundfunks und Vorsitzender der Deutsch-Georgischen Gesellschaft im Saarland, und Tamaz Gvenetadze, Universitätsdozent aus Kutaissi würdigen
in ihrem Beitrag die Vita Hermann Wedekinds, seine Bedeutung für den
ost-westlichen Kulturaustausch schildert aus georgischer Sicht eindrucksvoll der ehemalige Kulturminister Alexander Kartozia. Es schließt sich ein
Erfahrungsbericht des langjährigen Georgienkenners und Kultur-
journalisten Martin Buchhorn an, der – auch mit Blick auf Wedekind
– die Intensität und die Mannigfaltigkeit der saarländisch-georgischen
Begegnungen schildert. Speziell auf Wedekinds Beitrag zu der 1975
begründeten Partnerschaft zwischen dem Saarland, Saarbrücken, Georgien
und Tbilissi geht der frühere stellvertretende Kultusminister des Saarlandes,
Alfred Schwarz, mit interessanten Hintergrundinformationen ein.

Das Wirken Hermann Wedekinds als Theatermann, Intendant und Regisseur findet lebhaften Ausdruck in den Beiträgen von Heinz Mudrich
zum Schauspiel und Hans Bünte zum Musiktheater nach einem Gespräch
mit Siegfried Köhler, dem Generalmusikdirektor der Ära Wedekind.
Der Band wird abgerundet mit dem naturgemäß persönlich eingefärbten
Beitrag von Michael Wedekind aus Sicht des Sohnes und mit einem Interview
Holger Schröders, Dramaturg am Saarländischen Staatstheater Saarbrücken,
mit Kammersängerin Brigitta Mathieu, der langjährigen Assistentin von
Hermann Wedekind.
Die Texte sind illustriert mit zahlreichen Fotografien aus der Ära Wedekind.
Im Anhang finden sich die ausführlichen Lebensdaten mit den wichtigen
Stationen seiner kulturellen und beruflichen Karriere.

Der Dank des Herausgebers gilt allen Autoren dieses Buches, und allen, die Fotografien zur Verfügung gestellt haben, ganz besonders aber Claudia und Michael Wedekind, ohne deren großzügige finanzielle Unterstützung dieses Buch nicht möglich gewesen wäre, sowie der Sparkasse Saarbrücken, die die Drucklegung ebenfalls unterstützte, vor allem aber die Erinnerungsstele für Hermann Wedekind gesponsert hat. Zu danken ist auch der Bauunternehmung T & K Hoch- und Tiefbau und Dachdeckerarbeiten GmbH aus Saarbrücken, die die Fundamentierung und Errichtung der Stele gesponsert hat, sowie der Designerin Conny Paulus und der Druckerei Prisma Druck, Saarbrücken, die die künstlerische und technische Realisation dieses Buchs verantworten. Ganz besonderen Dank verdient schließlich Josef Gros, ein eher stiller, aber über Jahrzehnte wirkmächtiger Förderer der saarländischen Kultur, der die Entstehung dieses Buches mit kritischem und freundschaftlichem Rat begleitet hat.

Hermann Wedekind – Ein Theaterleben

Heinz Garber, Tamaz Gvenetadze

„Bei mir fließt alles, ich tauge nicht zum Schreiben. Ich bin ein Redekind – und rede so lange, bis der liebe Gott mir sagt: Hermann, halt's Maul."

Es sind nur wenige schriftliche Äußerungen Hermann Wedekinds überliefert. Aber es gibt zahllose Ton- und Videokassetten, auf denen er seine Erinnerungen und Gedanken festgehalten hat. Freunden und Besuchern hat er unermüdlich von den Stationen seines vielfältigen Lebens berichtet. Dies sind die Quellen der Biographie, die die Verfasser dieses Beitrags unter dem Titel: *„Hermann Wedekind erzählt sein Leben."* 1997 im Gollensteinverlag, Blieskastel veröffentlicht haben.

Der anschließende Beitrag von Alexander Kartozia, *„Wedekind und Georgien"* stützt sich zum größten Teil gleichfalls auf diese Biographie, so dass – beide Artikel zusammen genommen – das Leben Hermann Wedekinds insgesamt dargestellt ist.

Anfänge

„Außer Singen und Theaterspielen interessierte mich schon damals nichts, das waren für mich mein rechter und mein linker Schuh, die selbstverständlich zusammen gehörten. Ich sang und spielte, wo ich nur konnte. Zuerst einmal wurde in der Schule kräftig Theater gemacht. Immer neue Spiele erfand ich, wenn mir der Unterricht nicht passte. Gage: tolle Stimmung bei den Klassenkameraden, aber Prügel für den ‚Regisseur' durch die Schulobrigkeit.

Als Oberprimaner feierte ich auf der Freilichtbühne in Witten als ‚Zettel' in Shakespeares ‚Sommernachtstraum' meinen ersten Schauspieltriumph. Mein ‚Zettel' war so komisch, dass sich die Bäume bogen. Niemand unter den Zuschauern ahnte wohl, dass da jemand sein Lebensmotto in die lachende Menge schleudert:

‚Laßt mich den Löwen auch spielen!'

Ein Junge, der seine Forderung an die Welt erhob: ‚Ganz, alles, absolut... kein Kompromiss, keine ausgetretenen Wege'. Über dem Lachen kam niemand auf die Idee, vor diesem Wunsch Angst zu haben.

Schon mit meiner ersten Rolle, dem Narren Puck im ‚Sommernachtstraum‘, spürte ich, wie elektrisierend das Lachen und der Applaus der Zuschauer sind. Von da an verwischen sich die Linien zwischen meinem Leben als Hermann und meine Rolle auf der Bühne. Das Leben als Schauspiel – ich sehe es genauso wie Shakespeare: ‚Ich inszeniere mich bis zu meinem Tode!‘“

Zwei Wochen vor dem Abitur verließ Hermann das Realgymnasium Witten, weil er realistischerweise keine Chance sah, die Abschlussprüfung zu bestehen. Gegen den Rat seiner Eltern und durch Vermittlung eines früheren Lehrers, der selbst einmal von einer Theaterkarriere geträumt hatte, ging er zum Stadttheater Hagen.

„Dort begann ich als Mädchen für alles, Volontär und Assistent, zeitweise auch Inspizient, Kulissenschieber, Beleuchtungs- und Malergehilfe, Schlüsselknaller, Spezialist für Schreie hinter der Bühne, Tierstimmenimitator.

Aber ich müsste nicht Wedekind heißen, wenn ich die Requisiten nur so einfach auf und über die Bühne geschoben hätte: Ich sang auch dabei. Das fiel eines Tages dem Intendanten Paul Smolny auf. Ich sprach ihm, mit 20 Jahren, den König Lear vor, dazu noch Wozzek und den ‚Zettel‘ aus dem ‚Sommernachtstraum‘, sang ‚O sole mio‘ und ‚In diesen heiligen Hallen‘. Und der Intendant meinte, dass der Kulissenschieber nicht nur kräftige Arme, sondern auch ein kräftige Stimme habe. Schon war das erste Engagement perfekt. Und das ohne Schauspielschule.
Gespielt wurde, wie es der Regisseur verlangte, denn ich wollte Schauspielen lernen und nicht diskutieren.“

In Hagen lernte Wedekind Berthold Auerbach, einen bedeutenden Theateragenten, kennen. Dieser vermittelte ihm ein Engagement am Theater in Bielefeld. Dort erhielt er nicht nur ein *„anständiges“* Honorar, sondern lernte auch Grete Schaun, seine spätere Frau, kennen. Doch das Engagement dauerte nicht lange. Weil Hermann den *„Hitler-Gruss“* auf der Bühne verweigerte, wurde er fristlos entlassen. Wiederum durch Vermittlung Auerbachs erhielt er eine Einladung an das Deutsche Theater Berlin. Der Intendant Heinz Hilpert war von ihm so angetan, dass er Hermann zu seinem Assistenten machte.

Berlin – Deutsches Theater

„Heinz Hilperts Assistent zu sein, war nicht immer leicht. Ich saß bei den Proben rechts von ihm, musste ihm die Zigarren bringen und den Rotwein, den er immer vor sich stehen hatte. Ich sollte sagen, was mir bei der Inszenierung nicht gefiel. Einmal war ich zu vorlaut, wollte ihm zeigen, wie begabt ich bin, dass ich auch kritisieren kann:

‚Herr Hilpert, ich finde es nicht gut, was die Collande da oben aufführt...‘ Er sah sich zu mir um, mit einem ganz bösen Blick: Meine Zunge war wie verschluckt, ich wagte nichts mehr zu sagen.
‚Du musst lernen, auf den richtigen Augenblick zu warten. Wenn einer gerade beim Malen oder beim Komponieren ist, oder wenn er ein Kind zeugt, dann darfst Du ihn nicht ansprechen. Eine schöpferische Tätigkeit darf man nicht unterbrechen. Das musst Du empfinden, darfst nicht einfach blind hineintrampeln.‘
So war er, Heinz Hilpert. Ich habe bei ihm eine Schule mitbekommen, die ich jedem wünsche, aber nicht gönne. An dieser ersten Bühne Deutschlands lernte ich, dass das Theaterspielen nicht nur monomanischer Spaß, Leidenschaft, eine Frage von Theorie oder Weltbild ist, sondern abgrundnahe Arbeit bedeutet. Auch meine Kollegen erlebten solche schwarzen Stunden bei dem Tyrannen Heinz Hilpert. Eine Schauspielerin konfrontierte ihn einmal mit dem Ausspruch: ‚Ich springe aus dem Fenster!‘
Hilpert öffnete es ihr wortlos. Theatertyrann oder Geburtshelfer von Künstlerpersönlichkeit? Ich habe mich heute für die zweite Interpretation entschieden. "

Die Konflikte zwischen Hilpert und Wedekind häuften sich. Ohne Wissen des Chefs fuhr Hermann nach Königsberg, um dort einer Einladung zum Vorsprechen zu folgen. Er hoffte auf größere Rollen, vor allem wollte er dort den Hamlet spielen. Eine Saison, 1939-40, stand er auf der Königsberger Bühne. Da er mit den Rollen, die man ihm anbot, nicht mehr zufrieden war, entschloss er sich zur Rückkehr an das Deutsche Theater .
„Übrigens, den Hamlet habe ich in Königsberg doch nicht gespielt... Erst dreißig Jahre später durfte ich in Saarbrücken die Rolle übernehmen. Da konnte ich mich selbst besetzen, als Generalintendant."

In Berlin nahm Wedekind reumütig seine alte Tätigkeit als Schauspieler und Hilperts Regieassistent wieder auf. Heinz Hilpert hatte durchgesetzt, dass Wedekind vom Wehrdienst befreit würde. Dieses Privileg ging 1942 zu Ende. Hilpert riet ihm, zum Musiktheater nach Danzig zu gehen, weil Tenöre nicht eingezogen wurden. Sie sollten nach dem *„Endsieg"* in einer bombastischen Meistersinger-Aufführung auftreten. Ein Jahr später wechselte er an die Staatsoper in Dresden.

„Warum wurde ich, ein besessener Schauspieler, dem Sprechtheater untreu? Für mich war dies eine Erweiterung des Theaterspielens, nicht eine Spezialisierung, keine Absage an Anderes. Die Musikbühne zu betreten und dabei die Möglichkeiten des Schauspiels einzubringen, hielt ich für eine ganz normale Entwicklung eines Künstlers, der seine Ausdrucksmöglichkeiten ernst nimmt. Außerdem, ich wollte partout nicht Soldat spielen."

Dresden
Das Ende des Krieges erlebte Hermann Wedekind in Dresden.
Die schreckliche Bombennacht vom 13. auf den 14. Februar ist ihm in unauslöschlicher Erinnerung.

„In dieser Bombennacht floh ich vor dem Tod, der vom nächtlichen Himmel herunterstürzte, in eine Kirche. Zwischen jammernden, verstörten Frauen und verängstigten Kindern war ich der einzige Mann und fand keine andere Beruhigung für sie, auch für mich, als Rosenkranz zu beten. Mit diesem Gebet, das ich als Kind jeden Abend vor dem Bild der Heiligen Familie nur widerwillig mitgeleiert habe, gelang es mir, sie alle aus Not und Angst zu erlösen. Später sang ich – der Angriff war noch nicht vorbei – mit einer Musikstudentin im Chor der Kirche, wo ein Buch aufgeschlagen auf dem Flügel lag, das ‚Ave verum' von Mozart und das Schubert-Lied: ‚O, wie schön ist Dein Welt, Vater, wenn sie golden strahlet', und: ‚Du holde Kunst, in wieviel grauen Stunden, wo mich des Lebens wilder Kreis umstrickt, hast Du mein Herz zu warmer Lieb entzündet'

Mag es im Hinblick auf die damalige Situation wie Hohn klingen, uns hat das Gebet und die ‚Holde Kunst' geholfen, nicht in Panik zu verfallen.

Nach dem Krieg hat Heinz Hilpert das Ganze in einem Satz zusammengefasst – das, was uns damals in der Kirche bewegte:
‚Religion und Kunst vermögen dem durch Selbstzerstörung gefährdeten Menschen in unserer Zeit die Rettung zu bringen!'
Nach dieser Maxime habe ich versucht, mein Leben und meine Arbeit auszurichten. Bis heute hat sich daran nichts geändert."

Und: Hermann Wedekind erzählt von einem weiteren Schlüsselerlebnis an diesem 14. Februar in Dresden:
„Der Morgen nach der furchtbaren Nacht. — Auf einem verkohlten Baum, inmitten schwarzer Trümmer, singt ein Vogel selbstvergessen in den zerfetzten Wolkenhimmel hinein, inbrünstig, fröhlich, als hätte es das Inferno aus Bomben und Feuer nicht gegeben, als wäre der Krieg ein Alptraum. Wie am ersten Tag der Schöpfung nach dem Tod und Chaos sang der kleine Vogel sein Lied. Wie ein Trost vom Himmel berührte mich die einfache Melodie mit einer nie zuvor erlebten Zärtlichkeit. So muss das Lächeln einer Mutter sein, die nach Angst und Weh der Geburt zum ersten Mal ihr Kind erblickt. Wie ein Glockenton in der Welt des Friedens. Und noch einmal war es Gesang, der mich etwas lehrte."

Diesen Vogel auf dem verkohlten Baum übernahm Hermann Wedekind in das Bühnenbild des Antikriegsstücks *„Draußen vor der Tür"* von Wolfgang Borchert, das unter seiner Regie Silvester 1981 in der Tbilisser Methechi-Kirche, mit georgischen Schauspielern, aufgeführt wurde, kurz nach dem Einmarsch der sowjetischen Armee in Afghanistan.

Wendezeit
Anstelle von Siegesfeiern und einer Aufführung der *„Super-Meistersinger"* erwarten den Kriegsheimkehrer zerbombte Theater in zerbombten Städten, eine verzweifelte Familie, Hunger und Chaos überall – auch im Geiste.

„In einem Kloster, dem eine Irrenanstalt angeschlossen war, fand ich meine evakuierte Familie wieder. Da habe ich eigentlich zum ersten Mal gefühlt, dass ich ein Vater bin und für Kinder sorgen muss. Aber wie? Natürlich so, wie ich es konnte: Als Theatermann, Schauspieler, Sänger, Redner.

Von meiner Frau begleitet, zog ich wie ein Wanderprediger in Sachen Glaube und Hoffnung von Ort zu Ort, per Fahrrad oder per Anhalter, oft von einem müden Pferdefuhrwerk mitgenommen. In Gaststuben und Gemeindesälen traten wir auf, singend und musizierend. Ich erweckte auf wackligen Klavieren Mozarts, Beethovens, und Schuberts Geist, sang Verdi und Wagner. Ich rezitierte deutsche Klassik und Romantik sowie verfemte Dichter des 20. Jahrhunderts. Das Echo war gewaltig."

Neben seinen Auftritten, zu denen, außer Spiel und Gesang, eine Rede zur *„Rekultivierung des Deutschen Volkes"* gehörte, kümmerte sich Wedekind um das Laienspiel auf dem flachen Land. Der Bischof von Fulda hatte ihm die Aufgabe übertragen, die Katholischen Laienspielgruppen in seiner Diözese zu betreuen.

1946 ging er als Oberspielleiter der Oper und Leiter der Schauspielschule nach Bonn.

„Mir war klar – Theaterspielen im Status quo ante, das ging nicht mehr. Erfahrung mussten verarbeitet, ein neuer Stil gefunden werden. Lange bevor Yoga und andere Konzentrationsübungen in Deutschland populär wurden, ließ ich meine Schüler, im Kreis sitzend, gemeinsam die Stille und Ruhe suchen, die kreativ wird. Bevor sie schreien durften, mussten sie schweigen lernen, und umgekehrt. Schauspielschulung ist Schulung des Willens, Heranbildung der Ausdrucksmöglichkeiten von Sprache und Körper, eisernes Training des Schauspielers an sich selbst; Fechten z.B. übt Blick und

Hermann Wedekind als Romeo in Heirich Sutermeisters Oper „Romeo und Julia" in Bonn, Photo: privat

Haltung des Schauspielers. Die Schüler brauchten nicht das farbige Milieu der Bühne, sie übten ihre Rollen in einem Kellerraum. Jeder Schauspieler muss mal Hohe Schule geritten werden. Der eigene Wille muss wenigstens einmal gebrochen werden, vorher ist man nicht in der Lage, den für eine große Ensembleleistung erforderlichen Gleichklang zu erzeugen. Ich unterrichtete gerade das, was Hilpert bei mir bemängelt hatte.

Der Unterricht war so aufsehenerregend, dass nicht nur die Presse immer wieder über diese unkonventionelle Arbeit berichtete. Sogar der große Gustav Gründgens, der in Düsseldorf die Abschlussprüfung meiner Lehrlinge abnahm, bezeichnete sie als die Besten, die er bisher angetroffen habe.

In fünf Jahrgängen haben 99 Prozent meiner Schüler die Prüfung bestanden."

Nicht nur die Schauspielschule Wedekinds hat sein Ansehen über Bonn hinaus getragen. Auch seine Inszenierungen – z.B. *„Margarete"*, der *„Bajazzo"*, *„Romeo und Julia"*, *„Johanna auf dem Scheiterhaufen"*, *„Don Giovanni"*, *„Die Zauberflöte"*, *„La Traviata"* oder *„Die Geschichten vom Soldaten"* – begeisterten das Publikum und weckten das Interesse deutscher Musikkritiker.

Münster und Basel

1951 erhielt Hermann Wedekind die Einladung zu einer Gastinszenierung von Gounods Oper *„Margarete"* an die Städtischen Bühnen Münster.

Hermann Wedekind als „Bajazzo" in der gleichnamigen Oper von Ruggiero Leon Cavallo, Photo: privat

Die Aufführung wurde von der Kritik positiv aufgenommen. Daraufhin fragte der Oberbürgermeister von Münster Hermann Wedekind, ob er nicht Lust habe, Intendant zu werden.

„Zuerst war ich sehr erschrocken. Von Organisation und Budget einer Bühne hatte ich keine Ahnung. Ich konnte nicht rechnen – nur singen, tanzen, musizieren, die Schauspieler zum Spielen erziehen. Und da ich nicht wusste, was mir bevorstand, sagte ich einfach ja. "

In dem Referat, das Hermann Wedekind anläßlich der Bewerbung um die Intendanz hielt, führte er unter anderem aus:

„Eine künstlerische Persönlichkeit setzt sich erst durch, wenn sie alle konventionellen Schranken, den hemmenden Zwang um sich, den Zwang von oben und die Angst von unten durch persönlichen Mut, durch Leistung überwunden, und dann den Weg zur überzeugenden eigenen schöpferischen Gestaltung gefunden hat. Erst eine solche Persönlichkeit ist in der Lage, sich selbst und dadurch dem Theater ein Gesicht zu geben...
Wer nicht spielen und singen muss, weil es sein Urtrieb, sein Lebenselement ist, weil er sich und den Menschen Freude bereiten muss, soll lieber Würstchen verkaufen, neben dem Theater, als Theaterspielen. "
Der Stadtrat von Münster wählte ihn nach dieser selbstbewussten Rede einstimmig zum Intendanten der Städtischen Bühne in Münster. Wedekind wollte, wie immer, seine Tätigkeit mit einem Paukenschlag beginnen. Mit einem neuen, noch nie dagewesenen Stück, nach dem er auf seine Art suchte.

„In der Dramaturgie wimmelte es so von Büchern; Bücher, wohin man schaut! Da musste doch etwas ganz Besonderes dabei sein?! Aber all die Schinken lesen? Nein, das ist nicht nach meinem Geschmack: ,Lieber vertraue ich dem Instinkt! Also: Augen zu und frisch gewagt'. Mit einem ,Gott hilf' fische ich aus einer total verstaubten Kiste wahllos ein Exemplar heraus und schiele nach dem Titel: ,Der Mann Gottes', von Gabriel Marcel. Keine Ahnung, wer das ist! Ich habe es dann gelesen, aber nicht Zeile für Zeile; eher durch gelesen!
Das war Schicksalsfügung! Am anderen Morgen habe ich meinem entsetzten Dramaturgen verkündet: ,Dieses Stück wird gespielt!'

‚Aber Gabriel Marcel ist doch gar kein Theaterautor! Pure Philosophie, unspielbar! Das kann man gar nicht inszenieren! In Bielefeld ist gerade ein Marcel ausgepfiffen worden!'

Das war für mich kein Argument. Ich blieb hart:
‚Wir machen das Stück, und Du selbst inszenierst es!'
Bei der Premiere von der ‚Der Mann Gottes' standen Intendant und Regisseur mit zitternden Knien in der Kulisse. Doch der Autor kam, die Presse kam, das Publikum kam, neugierig, wie damals immer – und der Erfolg kam! Es war ein so toller Erfolg, dass wir das Stück 35-mal vor ausverkauftem Haus gespielt haben. Ein Renner!'

In drei Spielzeiten hat Intendant Wedekind sieben Uraufführungen heraus gebracht. Hundert Vorstellungen gab es in über zwanzig Abstecher-Orten, wie Hamm, Soest, Neheim-Hüsten, Marl, Lünen, Bockum-Hövel bis hinauf an die holländische Grenze.

Hundert Tage in zehn Monaten waren die Künstler auf Reisen, während im Hause ebenfalls gespielt wurde – mit einem vielfältigen Repertoire im Sprech- und im Musiktheater. Sparzwänge und der nur langsam fortschreitende Neubau des Theaters machten Wedekind ungeduldig.

„Am 12. Juli 1954 bat ich die Stadtverwaltung, von einer Verlängerung meines Vertrages abzusehen, weil in letzter Zeit Aufgaben an mich herangetragen wurden, die zu verwirklichen ich mich besonders berufen fühle."
Hermann Wedekind zog es nach Basel. Dort war die Stelle des Direktors des Baseler Staatstheaters vakant.
„185 Bewerber um das Intendantenamt waren angetreten, darunter mein Meister Heinz Hilpert. Als er hörte, dass ich gut im Rennen lag, zog er seine Bewerbung zurück und setzte sich mit ganzer Kraft für mich ein. Ich erhielt die heiß umworbene Stelle. In meinem Einführungsvortrag habe ich kein Blatt vor dem Mund genommen und mich nicht gescheut, vorweg den schwierigsten Punkt meines Amtes offen auszusprechen:
‚Die Voraussetzung für die Bildung eines Ensembles wird durch die Auswahl der Künstler geschaffen. Es kann also bei der Neubildung nur ein Maßstab gelten, der, den der Leiter mitgebracht hat, den er in sich trägt. Dieser Maßstab

ist sein künstlerisches GEWISSEN; ihm allein ist der Leiter verantwortlich. Darum ist es müßig zu fragen, ob der oder jener wegen alter Verdienste im Ensemble bleiben soll. Ausschlaggebend sind dabei folgende Fragen:'
- Passt er in den Geist des neu zu bildenden Ensembles?
- Ist er für die Absichten des Leiters aufgeschlossen, oder nicht?
- Hat er den Charakter, der zum Geist dieser Gemeinschaft passt?"
Man muss bedenken: 1954, gerade neun Jahre nach dem Krieg und dem Ende der Nazizeit, war es keineswegs selbstverständlich, dass ein Deutscher in die Leitung eines Schweizer Traditionstheaters berufen wurde. Es kam noch hinzu, dass Hermann Wedekind unnachsichtig daran ging, die in seinem Bewerbungsreferat angekündigten, rigorosen Maßnahmen in die Tat umzusetzen.

„Mein erster Entschluss war, nahezu das gesamte Ballett zu feuern – Schweizerinnen mit einflußreichen Schweizer Freunden!
Insgesamt habe ich etwa fünfzig Mitarbeiter des Theaters entlassen. Die Baseler hatten keinen Mut, gegen Baseler vorzugehen, und so war das ganze Theater, insbesondere das Ballett, völlig überaltert. Deshalb haben sie sich einen solchen Berserker wie mich geholt – einen Chef der nach dem angeborenen Prinzip lebte: ‚Mit dem Kopf durch die Wand!' Natürlich ging das nicht ohne heftige Polemik ab. Sie begann am Biertisch und lief über die Presse hin zum traditionellen Fastnachtsumzug, wo ich im wahrsten Sinne des Wortes auf die Schippe geriet. Ich wirkte wie ein Gewitter".
Den Ruf eines *„Theater-Tyrannen"*, wie er einst in Berlin Hilpert tituliert hatte, wurde Hermann Wedekind bis zum Ende seiner Intendantenzeit nicht mehr los. Doch mit Hilfe seiner engsten Mitarbeiter, gelang es ihm, in Basel alle Widerstände zu überwinden. So hat er den Russen Waclaw Orlikowsky, den er in Oberhausen kennen lernte, mit seinem gesamten Ballett engagiert. Stücke wie *„Schwanensee"*, *„Ein Amerikaner in Paris"*, *„Romeo und Julia"* oder *„Giselle"* standen in Basel jahrelang auf dem Spielplan und erregten überregionales Aufsehen. Auch bei der Verpflichtung von jungen Opernsängern und -sängerinnen hatte Wedekind sensationelle Erfolge: Grace Bumbry begann in Basel ihre internationale Karriere, er verpflichtete Ingeborg Hallstein und Montserrat Caballé.

Hermann Wedekind mit Montserrat Caballé, Photo: privat

Seine Entdeckerfreude bezog sich in gleicher Weise auf das Repertoire. Beispiele: *„Warten auf Godot"*, *„Der feurige Engel"* von Prokofieff, Sutermeisters *„Feuerkopf"* sind einige Beispiele unter vielen. Natürlich gab es auch viel Kritik, doch insgesamt waren die sechs Jahre in Basel ein voller Erfolg.

„Warum verließ ich trotzdem die Schweiz, Basel, eine Stadt, in der man mir einen unbefristeten Vertrag anbot?

Das war ganz einfach: Es redeten mir zu viele mit. Ausschüsse, Gremien...
Ich war nie ein Mann des Diskutierens, des Argumentierens. Ich wollte immer handeln, mein Ausdrucks-, mein Überzeugungsmittel war die Bühne. Mein bester Ratgeber war immer die Spontaneität."

Hermann Wedekind als Intendant
am Stadttheater Saarbrücken,
Ende der 80er Jahre, Photo: privat

Saarbrücken

Drei Jahre, von 1951 bis 1954, war Hermann Wedekind Intendant in Münster gewesen. Sechs Jahre lang hatte er als Direktor des Stadttheaters Basel ausgehalten.

Wie lange würde seine Amtszeit in der Hauptstadt des Saarlandes dauern? Als er nach Saarbrücken kam, war Wedekind fünfzig Jahre alt.

Er blieb Intendant des Stadt-, später Staatstheaters bis zu seiner Pensionierung mit fünfundsechzig. Und seinen Wohnsitz hat er bis zu seinem Tod im Saarland behalten, das ihm zur Heimat geworden war.

„Ich kam nach Saarbrücken mit der Überzeugung, dass das Theater noch mehr vermag, als es selber ist, und dass ich aus dem Theater mehr machen sollte, als das Theatermachen selbst. Mit meinen 50 Jahren wollte ich etwas Neues beginnen, etwas noch nicht Dagewesenes, das wozu ich mich berufen fühlte.

Meinen Ruf, ein Intendant mit Entdeckernase zu sein, habe ich auch in Saarbrücken bewiesen. Die Entdeckung und Förderung junger Künstler, die später über die Grenzen hinweg Anerkennung gefunden haben, haben das Ansehen des Staatstheaters Saarbrücken im In- und Ausland gehoben. Namen wie Nancy Tatum, Trudeliese Schmidt, Dan Richardson, Oskar Hillebrandt, – um nur einige zu nennen – machten Saarbrücker Theatergeschichte."

Doch das eigentlich Neue, das Noch-Nicht-Dagewesene war dieses: Er öffnete die Bühne für ein Theater der Welt. Ensembles aus vielen Ländern West- und Osteuropas kamen nach Saarbrücken und spielten zeitgenössisches Musik- und Sprechtheater aus ihrem Kulturkreis. Die Saarbrücker Theaterleute fuhren zu Gegenbesuchen in die Gastländer – mit eigenen Inszenierungen – oder führten dem heimischen Publikum zeitgenössische Werke aus diesen Ländern in deutscher Fassung vor Augen. So entstand ein vielfältiger Kulturaustausch über die Grenzen, schließlich auch über den Eisernen Vorhang hinweg. Das Theater als Vehikel der Völkerverständigung – auch nicht zuletzt im politischen Raum!

Bereits in seinem ersten Saarbrücker Jahr, gab es die in Basel bei seinem Ausscheiden verabredeten *„Schweizer Theatertage"*. In der nächsten Spielzeit folgte eine aufsehenerregende *„Französische Theaterwoche"*, es folgten *„Österreichische"* und *„Amerikanische Theatertage"*.

„Während diese Begegnungen der Künstler erfolgreich weiter liefen, begann ich mich um Kontakt mit jenen Völkern zu bemühen, die, durch Krieg und Besetzung tief verletzt, mißtrauisch und skeptisch gegenüber allem Deutschen

geworden waren. Ich wusste, dass ich nicht als Fordernder kommen konnte, und ich war zu der Überzeugung gelangt, dass Erklärungen, Argumente oder Rechtfertigungen nur wenig tiefe emotionale Erschütterung bewirken konnten. Bei meinen ersten Versuchen, holländische, polnische, rumänische oder sowjetische Künstler kennenzulernen, ließ ich mich von der Hoffnung leiten, dass die persönliche Begegnung, die gemeinsame Arbeit auf der Bühne, das gemeinsame Spiel erste Brücken schlagen würden."

Hermann Wedekind in Pitsburgh mit Dirigent Dr. Richard Karp
kurz vor der Eröffnung des Pitsburgher Opernhauses mit der Oper Aida am 7. 10.1971

Ein Beispiel:
Erinnerungen Hermann Wedekinds an seinen Aufenthalt in Danzig während der Gegeneinladung zu den *„Polnischen Theatertagen"*:

„Der in Saarbrücken begonnene Annäherungsprozess zwischen deut-
schen und polnischen Theaterleuten wiederholte sich, als ich als erster

westdeutscher Regisseur 1967 in Danzig, zusammen mit unserem Musikchef Siegfried Köhler und Bühnenbildner Heinz Dahm, eine Gast-Inszenierung machte. Es war nicht leicht, lange vor dem Kniefall Willy Brandts in Warschau, in das Land zu kommen, in dem Deutsche 1939 den zweiten Weltkrieg angefangen hatten. 25 Jahre vorher habe ich als Tenor auf derselben Danziger Bühne gestanden. Doch wieviel Hass hatte sich in dieser Zeit zwischen unseren Völkern aufgesammelt!

Ich sollte Verdis ,Othello' inszenieren. Vier Wochen lang habe ich täglich mit polnischen Künstlern zusammengelebt, mit ihnen auf den Proben zusammen gearbeitet. Und: Ich habe mit ihnen als Christ in den überfüllten Kirchen gekniet und erlebt, dass es eine Internationale Gemeinschaft der Gläubigen gibt, die gemeinsam zum Gott des Friedens und der Versöhnung zu beten vermag.

Nach einer Probe habe ich das alte Danziger Theater besucht, in dem ich während des Krieges aufgetreten war. Es lag noch in Trümmern; mit dem Wiederaufbau hatte man begonnen. Und endlich wagte ich es, einen dem Theater gegenüberliegenden Friedhof zu betreten. Hier waren die deutschen Soldaten bestattet, doch die Gräber mit deutschen Namen waren verwüstet. Fassungslos erlebte ich den Hass, der sich hier blindwütig an den Toten ausgetobt hatte. Da fasste eine polnische Sängerin, die mir gefolgt war, zaghaft nach meiner Hand:

,Sie müssen wissen: Die Zeit des Hasses geht auch bei uns zu Ende. Jedes Jahr im November, zu Allerseelen, kommen polnische Schulkinder zu den deutschen Gräbern und setzen Kerzen darauf!'
Als nach der ,Othello'-Premiere der Vorhang fiel, gab es Beifallsstürme für das deutsche Regie-Team: Ein großer Theatererfolg!

Anschließend luden die polnischen Gastgeber zu einer Weihnachtsfeier ins Foyer ein, als Geste der Freundschaft und des Dankes. Der Weihnachtsbaum war mit der Friedenstaube von Picasso geschmückt, davor ein Sack mit Süßigkeiten und Nüssen – wohl die einzigen, die damals in den Geschäften aufgetrieben werden konnten. Polnische Zuschauer kamen dazu und machten den Vorschlag gemeinsam, wir auf Deutsch, sie auf Polnisch, das deutsche Weihnachtslied ‚Stille Nacht' zu singen. Uns standen die Tränen in den Augen, und mit erstickter Stimme würgten wir, weinten wir ‚Stille Nacht' miteinander!

Dann – wirklich Stille, stumm standen wir da. Pause, nochmals Pause.

Und dann fielen wir uns in die Arme, hielten uns aneinander fest und küssten uns gegenseitig die Tränen aus dem Gesicht."
Zweifellos war Hermann Wedekind maßgeblich an der Begründung der Partnerschaft zwischen Georgien und dem Saarland beteiligt. Sie war ihm ein Herzensanliegen. Darauf geht Alexander Kartozia in seinem Beitrag ausführlich ein.

Zum Abschluss dieses Beitrags soll als besonderes Dokument das Zeugnis abgedruckt werden, das ihm Heinz Hilpert mit auf den Weg gegeben hat. Über Charakter und Arbeit seines Assistenten Hermann Wedekind:

Heinz Hilpert
Scheffelstr. 26
Hamburg 3, den 28. Mai 1946

Hermannn Wedekind war bei mir im deutschen Theater viele Jahre als Schauspieler engagiert. Er war in den meisten meiner Inszenierungsarbeiten mein Regieassistent. Ich habe Gelegenheit gehabt, ihn als Menschen und Künstler genau kennen zu lernen.
Wedekind ist ein reiner, tief religiöser, hilfsbereiter Mensch, der bei all seinen Arbeitskameraden die allergrößte Hochachtung wegen Lauterkeit seines Charakters und seiner Lebensführung genoss.
Ich kann mich nicht eines Augenblicks entsinnen, in dem seine Hilfsbereitschaft, seine Treue und Aufrichtigkeit je nachgelassen hätten.
Als Künstler war er von einer rastlosen Hingabe an die Arbeit, von einer religiösen Grundhaltung bei all seinen Auseinandersetzungen mit der Gestaltung seiner Rollen. Er war beispielhaft in seinem Wirken und seinem Sein.

„Kunst kennt keine Grenzen!"
Hermann Wedekind und Georgien

Alexander Kartozia

Es sah nach einem Zufall aus, wie Hermann Wedekind auf Georgien gekommen war.

1968, mitten im kalten Krieg, veranstaltete Hermann Wedekind, Intendant des Saarbrücker Theaters, russische Kulturtage im Saarland. Erst zwei Jahre danach, im August 1970, war es zu einem Vertrag zwischen der Bundesrepublik Deutschland und der Sowjetunion gekommen, und das Kulturabkommen zwischen der BRD und der UdSSR war noch lange nicht fertig (es wurde im Mai 1973 unterzeichnet), als man im Sommer 1972 Hermann Wedekind nach Moskau einlud. Die von Goskonzert ausgehende Einladung sah neben Moskau und Leningrad, den größten Städten Russlands, einen Besuch in einer Stadt nach der Wahl des Gastes vor. Auf die Frage der sowjetischen Kulturministerin Jekaterina Furzewa, welche Stadt er am liebsten besuchen möchte, soll Hermann Wedekind geantwortet haben: *„Bloß nicht irgendwo nach Sibirien! Gott hat mich vor der Kriegsgefangenschaft in Sibirien bewahrt! Außerdem kann ich die Kälte nicht ertragen! Schicken Sie mich bitte ins wärmste Land."* [1]

Er wurde nach Georgien geschickt.

Georgien, damals ein Land ohne eigene Farbe auf der politischen Weltkarte, war Teil der Sowjetunion, eine der fünfzehn Unionsrepubliken. Über einzelne Republiken und einzelne Völker der Sowjetunion wusste man im Westen wenig. Für einen Westeuropäer, wenn er sich nicht gerade mit der Geschichte der Sowjetunion befasste, war alles unterschiedslos Russland und russisch. Auch Hermann Wedekind wusste nicht viel über Georgien. Nicht viel mehr, als dass Stalin aus Georgien stammte. Ansonsten war es für ihn eine russische Provinz, wie viele tausend andere. *„Warum Georgien?"* hätte er sich damals fragen können, wie viel später Clemens Eich sich fragte, als er 1998 mit einem Buchprojekt nach Georgien gekommen war. *„Ich hätte genausogut nach Usbekistan oder Kirgisien reisen können, statt Tiflis hätte mich auch Samarkand gereizt. Es ist aber Georgien geworden. Es gibt keinen anderen Grund."* [2]

Es war eine Fügung. Was allerdings mit Sicherheit von Hermann Wedekind selbst, der mit einem Inszenierungsvorhaben in die Sowjetunion gereist war, geplant worden zu sein schien, war das Finden eines Ortes, der möglichst weit von Moskau und möglichst nah an einer Grenze des riesigen Staates gelegen wäre.

„Kunst kennt keine Grenzen!", dieses Motto, von dem er sich leiten ließ und woran er immer wieder erinnerte, sollte sich dieses Mal auch in jenem Sinne bewahrheiten, dass die Kunst nicht danach gemessen werden darf, ob sie im Zentrum eines Staates oder an der Grenze desselben entsteht. Kunst kennt eben keine Grenzen und Zentren. *„In der Kunst ist allein die Begabung maßgebend und die Qualität"*, so Hermann Wedekind.[3] Ist er doch, Theaterintendant in Basel, 1960 dem Ruf nach Saarbrücken gefolgt, um in dieser Grenzstadt die Kunst alle Grenzen sprengen zu lassen!

Georgien, *„das Land am Rande"*[4], wartete auf einen Hermann Wedekind.

Bereits seit dem Anfang des 19. Jahrhunderts gab es in Georgien deutsche Siedlungen. Die schwäbischen Pietisten, die seit 1818 Württemberg zu verlassen begannen und nach Osten zogen, ließen sich in großer Zahl in Georgien nieder. Die schönsten Jugendstilhäuser in Tbilissi, die die georgische Hauptstadt auch heute noch zieren, sind von deutschen Architekten gebaut worden. Auch heute noch heißt ein Stadtteil Semmel, weil sich dort eine Apotheke eines Deutschen, namens Semmel, befand. Noch vor dem Krieg gab es in Tbilissi ein deutsches Gymnasium, wo nicht nur deutsche, sondern auch georgische Eltern ihre Kinder ausbilden ließen.

Im Zentrum der Stadt stand eine prächtige evangelische Kirche der deutschen Gemeinde. Für die deutsche Sprache und Kultur hegte man im ganzen Land eine tiefe Zuneigung. Die deutschen Reisenden berichteten über Georgien. Einer von ihnen, der in Danzig geborene Arthur Leist (1852-1927), machte sich besonders verdient, indem er in Leipzig und Dresden Bücher über die georgische Literatur und Kultur veröffentlichte[5], georgische Schriftsteller den Lesern in Deutschland schmackhaft zu machen

*Hermann Wedekind in Georgien,
Photo: privat*

versuchte und schließlich den Stolz der georgischen Literatur – Schota Rustawelis *„Der Mann im Pantherfell"*, ein Epos aus dem 12. Jahrhundert – ins Deutsche übersetzte.[6] 1892 zog er für immer nach Georgien, wo er unter anderem eine deutschsprachige Wochenzeitschrift *„Kaukasische Post"* gründete, an der Universität Tbilissi deutsche Sprache und Literatur unterrichtete und sich unermüdlich um deutsch-georgische kulturelle Kontakte bemühte. Arthur Leist starb in Tbilissi. Er wurde im Didube-Panthéon beerdigt, einem Friedhof, der als Ruhestätte der berühmtesten Georgier und Georgierinnen gilt – deutlicher hätte die Nation einem Ausländer ihre tiefe Dankbarkeit kaum aussprechen können. Seitdem wartete Georgien auf einen neuen Arthur Leist.

Es war wohl doch kein Zufall, dass Hermann Wedekind die Reise nach Georgien angeboten wurde.

Wie perfekt die Erwartungen von Hermann Wedekind und der georgischen Kulturszene aufeinander passten, kann nicht besser beschrieben werden, als Wedekind selbst es tat: *„In Tbilissi, in Georgien habe ich mein Herz verloren. Ich kam ‚heim'."* [7] Es war wie die Liebe auf den ersten Blick. Ab da sollte kein Jahr vergehen, in dem Hermann Wedekind nicht mindestens einmal nach Georgien gereist wäre. Den Freunden, die Jahre später den greisen und von Krankheit schon schwer gezeichneten Hermann

Wedekind – der sich auf den nächsten Flug nach Georgien vorbereitete oder gerade aus Georgien zurückkehrte – fragten, wieso er keine Angst vor einer derart fernen Reise habe, antwortete er allen Ernstes und ohne Scherz, sie würden es nicht verstehen: *„Ich fahre hin, um dort zu sterben."* Will man vom Zufall sprechen, so war es ein Zufall, dass Hermann Wedekind nicht in Georgien starb.

Durch seine langjährige – fast drei Jahrzehnte umfassende – Tätigkeit in Georgien hat Hermann Wedekind tiefe Spuren im Land hinterlassen. Im Weiteren soll versucht werden, einige Seiten seines Schaffens in seiner *„zweite[n] Heimat"* [8] zu beleuchten.

Als erstes sei jener Aspekt seines Wirkens hervorgehoben, der sich als Multiplikation der deutschen Kultur bezeichnen lässt.

Nach dem Zweiten Weltkrieg waren noch keine dreißig Jahre vergangen, als Hermann Wedekind Georgien erstmals besuchte. Der Krieg hatte ein trauriges Erbe hinterlassen, er hatte jedoch nichts an der Einstellung der Georgier zur deutschen Sprache und Kultur verändert. Aus dem Krieg kamen 300 000 Georgier nicht zurück, eine riesige Zahl für ein kleines, knapp 5 Millionen Einwohner zählendes, Land. Aber als einen tiefen Schmerz empfand man in Georgien auch den Verlust der deutschen Mitbürger. 1941 wurden alle Deutschstämmige aus Georgien nach Kasachstan oder Sibirien deportiert. Ein Bruchteil von ihnen kehrte nach 1956 zurück, vermochte aber das kulturelle Leben des Landes bei weitem nicht mehr so befruchtend wie vor dem Krieg zu beeinflussen. Einzig nennenswert – auch wenn keineswegs unbedeutend – war die Entstehung eines Netzwerkes der deutschen *„Tanten",*der heimgekehrten deutschen Frauen, die in ihren Wohnungen private Kindergärten eröffneten, in denen sie ihren Zöglingen deutsche Sprache beibrachten und mit ihnen deutsche Gedichte und Lieder übten. Dass viele georgische Eltern oft ihr letztes Geld ausgaben, um ihre Kinder statt in die staatlichen Kindergärten, die sie nichts kosteten, zu den *„Tanten"* zu bringen, ist ein zusätzlicher Beweis dafür, dass die lange Tradition der Aufnahmebereitschaft für deutsche Sprache und Kultur in Georgien nicht abgebrochen war.

Hermann Wedekind griff das tiefe Interesse der Georgier für seine Heimat dankbar auf. In der Zeit des Kalten Krieges, während dessen der Eiserne Vorhang die Welt in Welten teilte und darum der Kontakt der Sowjetbürger mit den deutschen Kulturträgern sich nur auf Vertreter der DDR beschränkte, wobei selbst dieser einen sporadischen Charakter trug, war es Hermann Wedekind beschieden, die Funktion des Multiplikators der deutschen Kultur in Georgien zu übernehmen, die Rolle von einer Art Goethe-Institut im Land zu spielen und das Fenster nach Deutschland zu öffnen.

Es begann im Juli 1972, als der georgische Kulturminister und renommierte Komponist Otar Taktakischwili ihm bei einem offiziellen Treffen, etwas überraschend, die Inszenierung von Richard Wagners *„Lohengrin"* am Opernhaus Tbilissi vorschlug.[9] Dass der Vorschlag nicht vom Himmel gefallen,sondern einem gut beackerten Boden entsprungen war, war zumindest aus zwei Tatsachen zu schließen: Zum einen lagen die relativ frischen, in der Tauwetter-Zeit gefertigten, Übersetzungen der Librettos von *„Lohengrin"* und *„Tannhäuser"* auf Georgisch vor[10], was das Interesse des Landes für die Wagner-Opern bezeugte, und zum anderen war die für große Werke notwendige Kapazität im georgischen Opernhaus mehr als ausreichend da (*„Nicht die Menschen sangen, es sang aus ihnen! Schatzgrube für einen Opernregisseur!"*[11]).

Im März 1973 begann Hermann Wedekind die Arbeit an der Inszenierung in Tbilissi. Die Premiere fand im April statt. Die Aufführung wurde zu einem riesigen Erfolg. Die Theaterkritiker schrieben begeistert vom Glück, in dem von den italienischen Opern verwöhnten Tbilisser Opernhaus endlich auch die deutsche Musik willkommen heißen zu können. Der Erstaufführung von *„Lohengrin"* folgten Erstaufführungen von Mozarts *„Die Zauberflöte"* (1975) und Wagners *„Der fliegende Holländer"* (1976) in Tbilissi. Insbesondere *„Der fliegende Holländer"* machte Furore. Die Theatertruppe wurde mit dieser Inszenierung nach Moskau eingeladen. *„Zwanzig Minuten lang klatschte das Publikum im Stanislawski-Nemirowitsch-Dantschenko-Musiktheater nach der Aufführung. Deutsche Beobachter in der sowjetischen Hauptstadt sprachen von einem ‚überwältigenden Erfolg' und von ‚endlos triumphalen Beifall'"*[12]

Es ist bezeichnend, dass alle Werke, die Hermann Wedekind in Georgien inszenierte, bis auf *„Margarete"* von Charles Gounod, aus dem deutschsprachigen Raum kamen. Außer den bereits erwähnten Opern waren es *„Fidelio"* von Beethoven sowie die Theaterstücke wie *„Catharina von Georgien"* von Andreas Gryphius, *„Nathan der Weise"* von Gotthold Ephraim Lessing, *„Kabale und Liebe"* von Friedrich Schiller, *„Draußen vor der Tür"* von Wolfgang Borchert, *„Die Physiker"* und *„Besuch der alten Dame"* von Friedrich Dürrenmatt.

War es ein Zufall oder war es eine Absicht? Wie konnte sich ein Künstler von Format eines Hermann Wedekind, der bereits als Theaterintendant in Münster, sowie dann in Basel und Saarbrücken, stets international ausgerichtet war, der aktiv Kulturkontakte zu Frankreich, den USA, Jugoslawien, Polen, Russland, Rumänien und selbst dem Iran pflegte, dessen Lebensprinzip schließlich *„Kunst kennt keine Grenzen!"* lautete, bei seinem Schaffen in Georgien allein auf den Stoff aus dem deutschsprachigen Herkunftsland beschränken?

Die Suche nach der Antwort auf diese Frage führt zur Annahme, dass Hermann Wedekind in Georgien für sich einen Auftrag entdeckte, dem er konsequent nachgegangen ist.
Der aus der in der Geschichte wurzelnden Deutschfreundlichkeit erwachsene Ruf Georgiens nach mehr deutschem Stoff prägte sein Schaffen in diesem Land und ließ ihn zu einem echten Multiplikator der deutschsprachigen Kultur werden. Er musste feststellen, dass er genau diese Rolle übernehmen sollte, wenn er seinen eigenen Beitrag zur Überwindung des vom Krieg hinterlassenen Misstrauens zwischen Deutschland und der Sowjetunion leisten wollte. Gerade als Multiplikator der deutschsprachigen Kultur in Georgien ist es ihm gelungen, dem Motto *„Kunst kennt keine Grenzen! Kunst führt die Völker zusammen!"* treu zu bleiben.

Man kann sich leicht vorstellen, dass es im Vor- und Nachfeld einer Premiere jedesmal zu einem Wirbel in den Medien und im öffentlichen Leben kam. Nicht nur die Person und das Schaffen von Hermann Wedekind standen dabei im Mittelpunkt, sondern auch das Theater, die Stadt und das Land, die er vertrat. Die Journalisten und Fachleute befassten sich sehr ausführlich mit der Zeit der Entstehung, der Sprache, dem Stil und den anderen Spezifika des von Hermann Wedekind zu inszenierenden oder gerade inszenierten Werkes. Nicht nur Theater- und Musikwissenschaft, sondern vor allem auch Germanistik und deutsche Landeskunde wurden gefordert und gefördert. Die Erforschung der alten und neuen Verbindungen zwischen Deutschland und Georgien wurden auf die Tagesordnung gesetzt. Man erinnerte sich sogar an die längst vergessenen Namen von deutschen Reisenden, Gelehrten und Literaten, wie z.B. Johannes Schiltberger, Salomon Schweigger, Adam Olearius, Eberhard Werner Happel, Georg August von Breitenbauch, Friedrich von Bodenstedt u. a.

Es ging soweit, dass man über die Geschichte deutsch-georgischer Kulturkontakte Aufsätze veröffentlichte, ohne in der Überschrift auf *„deutsch-georgisch"* hinzuweisen[13]. Die Wortverbindung *„kulturelle Beziehung"* reichte aus, um zu begreifen, dass es um deutsch-georgische Kontakte ging – es war selbstverständlich geworden und also im Titel redundant.

Der andere Aspekt des Schaffens von Hermann Wedekind lässt sich als Vermittlung der georgischen Kultur an Westeuropa bezeichnen. Die Bedeutung dieser Aktivität von Hermann Wedekind lässt sich besser erfassen, wenn man sich die damalige politische Lage des Landes vor dem Hintergrund seiner Geschichte vergegenwärtigt.

Georgien wurde 1921 von der Roten Armee besetzt. Danach waren Jahrzehnte vergangen, aber die Erinnerung an die Zeit der politischen Unabhängigkeit des Landes blieb unverblasst. Fünfzig Jahre Zugehörigkeit zum sowjetischen Reich hatten nichts an dem Drang der Georgier zur nationalen Emanzipation geändert. Trotz – oder gerade wegen – der großen Wertschätzung, die die Georgier für die russische Kultur aufbrachten, ärgerten sie sich immer, wenn im Ausland ein georgisches Kunstwerk (oder ein georgischer Künstler genauso wie ein georgischer

Sportler) als russisch *„verkauft"* und als ebensolches *„abgenommen"* wurde(n). Als Georgier fand man es ungerecht, dass man außerhalb der Sowjetunion – vor allem in Mittel- und Westeuropa – so gut wie gar nichts von der Existenz der eigenständigen georgischen Kultur, einer alten christlichen Kultur mit einer – um nur einen Teil des Ganzen zu nennen – ausgeprägten polyphonen Gesangstradition, wusste.

Hermann Wedekind erkannte diese Stimmung sofort. Gerade weil es eine Stimmung und keine deklarierte Feststellung war, weil nicht in den Medien (öffentlichen Räumen), sondern nur in den Familien- und Freundeskreisen (privaten Räumen) die Rede davon sein konnte, bedurfte es der Feinfühligkeit und Aufgeschlossenheit eines Hermann Wedekind, um wahrzunehmen, was die Menschen hierzulande bewegte. Gleich beim ersten Besuch lernte er, dass die georgische Kultur keine Variante der russischen, die georgische Sprache kein Dialekt des Russischen und die georgische Schrift keine kyrillische sei. Nicht ohne Verwunderung musste er feststellen, dass *„eine der ältesten lebenden Sprachen der Welt"* (H. Wedekind)[14] nicht nur mit keiner der ihm bekannten Sprachen verwandt war, sondern dass sie sogar ihr eigenes Alphabet – kein lateinisches, kyrillisches, arabisches oder sonst noch welches, sondern eben ein georgisches – besaß und dass mit diesen Schriftzeichen bereits im 5. Jahrhundert der Leidensweg einer heiligen Märtyrerin beschrieben worden war[15], um somit den Grundstein für die georgische Literaturtradition zu legen, die sich nun über anderthalb Jahrtausende erstreckte.

Für Hermann Wedekind bedeutete dies eine neue Aufgabe. Ahnte er damals, dass er dieser Aufgabe den Rest seines Lebens widmen würde? Jedenfalls leitete er das Projekt bereits 1972 in die Wege. Den georgischen Kulturminister, der Wedekind mit seinem *„Lohengrin"*-Vorschlag überrascht hatte, überraschte er seinerseits mit einem Gegenvorschlag, *„Daissi"* (*„Sonnenuntergang"*), die Oper des georgischen Komponisten Sakaria Paliaschwili (1871-1933), in Saarbrücken zu inszenieren.

Sechs Monate nach diesem Gespräch, am 14. Januar 1973, fand die Aufführung von *„Daissi"* im Saarländischen Staatstheater Saarbrücken statt.

*Anläßlich der Premiere zu Daissi, 14.1.1973, von links: Helga Scherer,
Grete Schaun, Kultusminister Werner Scherer, Alfred Schwarz, Botschafter
der Sowjetunion Valentin Fahin, Photo: privat*

Welche Wirkung dieses Engagement von Hermann Wedekind auf Georgien hatte, verdeutlicht ein Auszug aus einem georgischen Text: *„Man muss
bekennen: Hermann Wedekind hat der klassischen und modernen
georgischen Musik den Weg nach Europa geöffnet.*

*In kürzesten Zeitabständen wurden die Opern ‚Daissi' und ‚Abessalom und
Etheri' von Sakaria Paliaschwili, sowie ‚Mindia' von Otar Taktakischwili
in Saarbrücken, im Herzen Europas, und obendrein noch in georgischer
Sprache, aufgeführt. Und das alles in den 70er Jahren! Es ist fast unglaublich,
geradezu unvorstellbar.*"[46]

Hermann Wedekind nach der Premiere von Daissi von S. Paliaschwili am 14.1.1973 auf der Hauptbühne des Staatstheaters Saarbrücken; Photo: privat

Der Oper folgte das Sprechtheater. Fast sprichwörtlich wurde die Aufführung von *„Stiefmutter [von Samanischwili]"* von Dawid Kldiaschwili (1862-1931) in Saarbrücken, als an einem Juniabend 1974 das Stück zuerst von der Saarbrücker Theatertruppe auf Deutsch und anschließend von der Tbilisser Rustaweli-Theater-Truppe auf Georgisch gespielt wurde. Womöglich wurde damit ein Präzedenzfall in der Theatergeschichte geschaffen: Die Aufführung eines Stückes an einem Abend auf einer Bühne zweimal hintereinander in verschiedenen Sprachen!
Vom 29. Mai bis 8. Juni 1974 wurden auf Initiative von Hermann Wedekind georgische Kulturtage im Saarland veranstaltet.

Mehr als 70 Künstler aus Georgien durften auf einmal nach Deutschland reisen, was wie ein Wunder wirkte. Es blieb nichts anderes, als mit Hermann Wedekind zu sagen, die Kunst kenne keine Grenzen.
Wie wohltuend für das georgische Selbstbewusstsein die Kulturtage im Saarland waren, verdeutlicht ein Auszug aus dem Aufsatz des georgischen Schriftstellers und Filmemachers Reso Tabukaschwili: *„Etliche Male hat die georgische Kunst die Grenzen Georgiens überschritten. Etliche Male haben der eine oder andere georgische Film, die eine oder andere georgische Theater-aufführung, ein georgischer Tanz oder Gesang an verschiedenen Orten der Welt Erfolg gehabt, aber noch vor keinem Zuschauer keines Landes hat sich unsere Kunst je in solcher Fülle und so vielseitig präsentiert, wie in Deutschland während der Kulturwoche Sowjetgeorgiens in Saarbrücken.*[47]

Für einige Künstler wurde der Erfolg in Saarbrücken zum Wendepunkt in ihrer Karriere. So zog das Rustaweli-Theater gleich nach seinem Auftritt in Saarbrücken die Aufmerksamkeit der Theaterkritik auf sich. Das Theater wurde nach Düsseldorf zu den Festspielen eingeladen. Dem folgte die Einladung nach Edinburgh, wonach eine triumphale Tournee des Theaters durch Europa und Amerika begann. Später erfreute das dankbare Rustaweli-Theater das Saarbrücker Theaterpublikum mit Bertolt Brechts *„Der kaukasische Kreidekreis“* und Shakespeares *„Richard III“*. Und wie die Theatertruppe Hermann Wedekind an seinem 65. Geburtstag in Tbilissi feierte, gehörte zu den unvergesslichen Augenblicken seines Lebens.
„Das Rustaweli-Theater hatte zur Tafel gebeten. Ein ganzes georgisches Kochbuch war geplündert, und alle Weinberge Georgiens schienen zur Ader gelassen. Was dann begann, nenne ich einen Striptease der Freundschaft. ... Nur mein Ausscheiden aus dem aktiven Theaterleben lag wie ein Wermuts-tropfen in den Karaffen mit Wein.[48]
Stürmischen Beifall der Zuhörer und begeistertes Lob der Kritik erntete während der Kulturtage in Saarbrücken das Staatliche Streichquartett Georgiens, dem ein Jahr zuvor eine große Anerkennung beim Leo-Weiner-Wettbewerb in Budapest zuteil geworden war. Dem Erfolg in Saarbrücken folgten zahlreiche Studioaufnahmen und Konzerte in Schweden, Finnland, Großbritannien, den USA und natürlich Deutschland.

Brigitta Mathieu(links), Nelly Amaschukeli(dritte von links)neben Hermann Wedekind in Tbilissi, Photo: privat

Das Ensemble „*Rustawi*", dessen letzter Auftritt im Ausland sechs Jahre zurücklag, machte Furore im Saarland. Die von einem Dutzend Männer präsentierten georgischen Volkslieder sorgten für die Begeisterung der Zuhörer nicht nur im Konzertsaal, sondern selbst in einem Krankenhaus[19].

Der Erfolg von „*Rustawi*" war so groß, dass die Sänger Konzert-Sofortangebote aus anderen Bundesländern erhielten. Selbst in Moskau wurde „*Rustawi*" dank des Erfolges im Saarland „*wiederentdeckt*". Das sowjetische Kulturministerium beauftragte das Ensemble mit einem Konzert im Kreml zu Ehren des US-Präsidenten Richard Nixon anlässlich seines Staatsbesuches in der UdSSR im Juni 1974.

Als ein weiterer Aspekt der Tätigkeit von Hermann Wedekind zeichnet sich der Beitrag zur Schaffung der Freiräume für die Kunst im sowjetischen Georgien heraus.

Allein die Tatsache, dass Hermann Wedekind es einigen dutzend georgischen Künstlern, die nie zuvor hinter den Eisernen Vorhang schauen durften, durch sein breit angelegtes Georgien-Projekt – Kulturtage wurden zu einer Tradition – ermöglichte, ein kapitalistisches Land zu besuchen, genügt, um die Rolle Hermann Wedekinds für die Schaffung von mehr Freiheit im sowjetischen Georgien – und also in der Sowjetunion – zu erkennen.

Es sei an dieser Stelle aber auch an eine Episode erinnert, die sich mit einer seiner Inszenierungen in Georgien verbindet.

1979 hatte Wedekind sich vorgenommen, *„Draußen vor der Tür"* von Wolfgang Borchert (1921-1947) im Metechi-Theater aufzuführen.
„In einem solchen Tempo wie hier habe ich noch nie inszeniert", erinnerte er sich später. *„Doch die Premiere verzögerte sich: Verbot! ... Wie war die Erlaubnis für die Aufführung schließlich doch noch zustande gekommen? Kurz entschlossen war ich nach Moskau gereist und hatte meine alten Freunde, die ehemaligen UdSSR-Botschafter in Deutschland, Wladimir Semjonow und Valentin Falin, gebeten, sich für eine Ausnahmegenehmigung einzusetzen, die Aufführung zu erlauben. Die stillschweigende Zustimmung des georgischen Parteichefs Eduard Schewardnadse besaß ich ohnehin."* [20]
Diese Erinnerung, die die Macht und zugleich auch die Ohnmacht der Zensur in der Sowjetunion verdeutlicht, ist in mindestens drei Hinsichten aufschlussreich:

a) Trotz seiner Sympathie für den Regisseur, sowie für das aufzuführende Stück, war selbst der georgische Parteichef, der mächtigste Mann in Sowjetgeorgien, nicht imstande, die Premiere vor dem Verbot zu schützen, weil das Verbot aus Moskau, dem Zentrum, kam.

b) Das Intervenieren der in Moskau, im Zentrum, sozusagen an der Quelle, sitzenden hohen Parteifunktionäre *„vor Ort"* vermochte es, das Verbot aufzuheben.

c) Die Aufhebung des Verbots war möglich, weil es nicht gegen irgendein Gesetz verstieß. Die der Kunst auferlegten Einschränkungen beruhten oft auf nicht näher definierbaren Gefahrwitterungen des Zensors.[21]

„Die Tatsache, dass ich es in der Zeit des Kalten Krieges erreicht habe, unbeeinflusst von der politischen Großwetterlage, frei auf meine eigenwillige, ganz persönliche Weise, in der SU Werke der Völkerversöhnung und des Friedens inszenieren zu können, erfüllt mich auch heute mit großer Befriedigung", stellte Hermann Wedekind rückblickend fest.[22]

Berücksichtigt man den zeitlichen Kontext, in dem Hermann Wedekind in Georgien inszenierte, dann fällt seine Beschäftigung mit der religiösen Thematik ebenso in den Bereich der Schaffung ideologiefreier Räume für die Kunst.

Nach den Worten Hermann Wedekinds, versuchte er sein Leben und seine Arbeit stets nach folgender Maxime seines Lehrers, Heinz Hilpert, auszurichten: *"Religion und Kunst vermögen dem durch Selbstzerstörung gefährdeten Menschen in unserer Zeit die Rettung zu bringen."*[23]

Dem Marxismus-Leninismus war dagegen die Religion bekanntlich *„das Opium für das Volk"* (W. I. Lenin), und dementsprechend war das sowjetische Volk berufen, sich von der Droge fernzuhalten. Die Zensur achtete darauf, dass die Religion nicht in die öffentlichen Räume eindränge. Darum war der religiöse — selbst der kirchengeschichtliche — Stoff außerhalb der Fachwissenschaft, in der Kunst, so gut wie tabu. Die Beschäftigung mit der religiösen Thematik bedeutete eine Herausforderung der Macht und grenzte an den Dissens.
So wurde die Aufführung von „Catharina von Georgien", eines Barock-Stücks von Andreas Gryphius, am 2. Februar 1982 zu einem besonderen Ereignis im damaligen Georgien. Und als Hermann Wedekind 1984 die Leitung der Balver Höhlen-Festspiele in Nordrhein-Westfalen übernahm, wurde „Catharina von Georgien" zum festen Bestandteil des Theaterspielplans. Mit dieser Aufführung wurde die Balver Saison 1985 abgeschlossen.

Mit Balve ist schließlich noch eine Georgien-bezogene Aktivität Hermann Wedekinds, diesmal nach der Wende, verbunden. Als nach dem Zerfall der Sowjetunion Georgien politisch wieder selbstständig wurde, gründete Wedekind in der westgeorgischen Kulturstadt Kutaissi ein Kindertheater, das 1995 mit Calderons *„Das große Welttheater"* in Balve auftrat. Die Bedeutung des vom alten Meister geführten Kindertheaters, einer Schule, in der neben der Schauspielkunst vor allem auch die hohen Werte der Gewaltlosigkeit und Freiheit vermittelt wurden, war für den jungen georgischen Staat, der die Demokratie anstrebte, schwer einzuschätzen. Kein Wunder, dass der Oberbürgermeister von Kutaissi, Tejmuras Schaschiaschwili, 1995 Hermann Wedekind zum Ehrenbürger der Stadt ernannte.

Der nächste Aspekt des Wirkens von Hermann Wedekind ließe sich als Beschleunigung des Treffens von ausgereiften politischen Entscheidungen in der deutsch-sowjetischen Beziehung bezeichnen.
Es wäre eine starke Übertreibung, zu behaupten, dass erst durch das künstlerische Schaffen von Hermann Wedekind die deutschen und sowjetischen Politiker sich zur gegenseitigen Kontaktaufnahme und zum Treffen wichtiger außenpolitischer Entscheidungen verpflichtet fühlten. Es wäre aber auch eine Untertreibung, nicht zu behaupten, dass die Intensität des Engagements von Hermann Wedekind – insbesondere im Bezug auf Georgien – dem von den deutschen und sowjetischen Politikern eingeschlagenen Annäherungskurs eine außerordentliche Dynamik verlieh.

1974 wurde in Saarbrücken der Städtepartnerschaftsvertrag zwischen Saarbrücken und Tbilissi unterzeichnet. 1987 erfolgte der Vertrag über die Partnerschaft zwischen dem Saarland und Georgien, der mit dem *„Füllfederhalter von Prof. Hermann Wedekind"* [24] unterschrieben wurde.
Der folgende Auszug aus den Aufzeichnungen des ehemaligen Staatssekretärs im georgischen Kulturministerium, Wachtang Kuprawa, liefert diesbezüglich recht aufschlussreiches Material: [25]

„Die Idee der Partnerschaft zwischen Saarbrücken und Tbilissi gehörte Hermann Wedekind. Anfangs teilte er sie nur zwei Personen mit:

Herrn Edmund Haßdenteufel, dem Bürgermeister von Saarbrücken, und meiner Wenigkeit. Um ehrlich zu sein, reagierten wir beide ziemlich skeptisch. Unser Verhalten sollte nicht verwundern. Im Frühjahr 1973 klang die Partnerschaft zwischen Tbilissi, d. h. einer sowjetischen Stadt, und Saarbrücken, einer bundesdeutschen d. h. kapitalistischen Stadt, wirklich nicht realistisch. Wedekind bestand auf seiner Idee. Zum Schluss packte er uns beide am Arm und ‚führte' uns zum Oberbürgemeister von Tbilissi. Bachwa Lobshanidse empfing Hermann Wedekind und uns selbstverständlich höflich, aber Wedekinds Idee begeisterte ihn nicht sichtlich, auch wenn er meinte, er hätte nichts gegen die Partnerschaft zwischen unseren beiden Städten einzuwenden. ... Ungefähr nach einem Jahr geschah ein Wunder, Wedekinds Idee wurde Wirklichkeit. ... Die Städtepartnerschaft Saarbrücken-Tbilissi ging später nahtlos in die Partnerschaft zwischen dem Saarland und Georgien über. Eine große Rolle spielte dabei der persönliche Einsatz von Oskar Lafontaine, dem Ministerpräsidenten des Saarlandes, der das Saarbrücker Theater und Hermann Wedekind persönlich sehr schätzte." [26]

Alle deutsch-georgischen Aktivitäten von Hermann Wedekind mündeten letztendlich in den Brückenbau zwischen dem Saarland und Georgien. Wie kein anderer zuvor hat Hermann Wedekind die Menschen aus dem Saarland und Georgien zusammengeführt.[27] Die aus den Kulturtagen Georgiens im Saarland und denen des Saarlandes in Georgien erwachsene Städte- und Länderpartnerschaft sah unter anderem auch Bürgerreisen vor, und es ist schwer zu schätzen, wie viele Hunderte von Bürgern der beiden Länder sich gegenseitig besuchten.

In Georgien wurden Saarbrücken und das Saarland zum festen Begriff und zum beliebtesten Reiseziel. Selbst Deutsche aus anderen Bundesländern sowie andere Europäer entdeckten durch Georgien das Saarland für sich neu. „*So wie man in Wien die Leute von New York sprechen hört, wie sich mancher in Hamburg oder Bremen nach London sehnt, oder die Düsseldorfer von Paris träumen, so hört man in Tbilissi von Saarbrücken schwärmen,*" schrieb der Österreicher Clemens Eich in seinen bereits zitierten „*Aufzeichnungen aus Georgien*". „*In Tbilissi bekam ich eine unerklärliche Sehnsucht nach Saarbrücken.*" [28]

In Georgien fand Hermann Wedekind eine Zeile im Epos von Rustaweli, die er neben *„Kunst kennt keine Grenzen!"* als langgesuchtes zweites Motto seines Lebens empfand: *„Wer nicht Freunde sucht auf Erden, ist sich selbst der ärgste Feind!"*

Alle Freunde Hermann Wedekinds, die ihm beim saarländisch-georgischen Brückenbau geholfen haben oder ihm auf dieser Brücke begegnet sind, aufzuzählen wäre eine Kunst, die keine Grenzen – zumindest nicht die des vorliegenden Aufsatzes – kennen würde. Stellvertretend für sie alle seien an dieser Stelle nur die wenigsten genannt:

Pfarrer Günther Heipp und seine Frau Elisabeth begleiteten die gesamte *„georgische"* Laufbahn Hermann Wedekinds vom Anfang bis zum Schluss. Nicht nur als persönlicher Freund, sondern auch als Leiter des Albert-Schweitzer-Friedens-Zentrums stand Pfarrer Heipp Hermann Wedekind stets zur Seite.[29]

Wachtang Kuprawa, den Hermann Wedekind *„mein Bruder im Geist"*[30] nannte, war als stellvertretender Kulturminister Georgiens der erste Ansprechpartner Wedekinds und die langjährige Trägersäule der Partnerschaft von georgischer Seite.

Nelly Amaschukeli, die Hermann Wedekind mit Recht *„die Seele der Verständigung"*[31] nannte, Universitätsprofessorin und Übersetzerin, die unter anderem Goethes *„Die Wahlverwandschaften"* und Kafkas *„Der Prozess"* ins Georgische übersetzte, war als Dolmetscherin stets die feste Stütze Wedekinds.

Und schließlich war Moris Pozchischwili, bekannter georgischer Dichter, der Freund, dessen Besuch im Krankenhaus Wadern den kranken Hermann Wedekind einmal, nach seinen Worten, wie ein Wunder geheilt haben soll.[32]

1990 feierte Georgien Hermann Wedekinds seinen 80. Geburtstag im Opernhaus Tbilissi, und im Staatsarchiv Georgiens fand eine Wedekind-Ausstellung statt; 1995 wurde ihm die Ehrenstaatsbürgerschaft Georgiens verliehen, und in Kutaissi gibt es ein Hermann-Wedekind-Haus.

„Moris Pozchischwili ist im Garten der alten Nonnenkirche von Mzcheta begraben. Mein innigster Wunsch ist es, neben ihm beigesetzt zu werden",

verriet Hermann Wedekind seinen Biographen kurz vor der Vollendung seines erfüllten Lebens.[33]
Dieser einzige Wunsch ist ihm unerfüllt geblieben.

Fußnoten

[1] *H. Garber, T. Gvenetadze, Hermann Wedekind erzählt sein Leben.*
Gollenstein Verlag, Blieskastel 1997, S. 157.

[2] *C. Eich, Aufzeichnungen aus Georgien.*
Fischer Taschenbuch Verlag, Frankfurt a. M. 2008, S. 85.

[3] *H. Garber, T. Gvenetadze, Op. cit., S. 136.*

[4] *Chr. F. Vogel, Georgien: Begegnung mit Ursprung und Zeit.*
Edition Braus, Heidelberg 2009, S. 6.

[5] *A. Leist, Georgien: Natur, Sitten und Bewohner. W. Friedrich, Leipzig 1885. Ders.,*
Georgische Dichter. W. Friedrich, Leipzig 1887. Ders.,
Das georgische Volk. E. Pierson, Dresden 1903.

[6] *Der Mann im Tigerfelle. Von Schota Rustaweli.*
Aus dem Georgischen übersetzt von Arthur Leist.
Dresden & Leipzig. E. Piersons Verlag. 1889.

[7] *H. Garber, T. Gvenetadze, Op. cit., S. 157.*

[8] *H. Garber, T. Gvenetadze, Op. cit., S. 174.*

[9] *Ebd., S. 158-159.*

[10] *W. Gwacharia, Richard Wagner. Tbilissi 1966 (in georg. Spr.), S. 6, S. 102.*

[11] *H. Garber, T. Gvenetadze, Op. cit., S. 157.*

[12] *H. Garber, T. Gvenetadze, Op. cit., S. 162-163.*

[13] *Sch. Rewischwili, An den Anfängen der kulturellen Beziehung (in georg. Spr.).*
„Samschoblo" (= Die Heimat), 1978, S. 6.

[14] *H. Garber, T. Gvenetadze, Op. cit., S. 166.*

[15] *Jakob von Zurtawi, Das Martyrium der Heiligen Schuschanik.*
(Deutsche Übersetzung von Nelly Amaschukeli: Tbilissi 1983.)

[16] *W. Kuprawa, Ein Wort über Hermann Wedekind*
[Festrede zur Jubiläumsfeier von Hermann Wedekind im Opernhaus Tbilissi
am 19.11.1990], Stenogramm (in georg. Spr.).

[17] *R. Tabukaschwili, Tage der Georgischen Sowjetischen Kultur in Saarbrücken.*
„Sabtschota xelovneba" (=„Sowjetische Kunst"), 9, 1974 (in georg. Spr.), S. 60. 38-39.

[18] *H. Garber, T. Gvenetadze, Op. cit., S. 163.*

[19] *„Zusammen mit dem Ensemble „Rustawi" besuchte ich Hermann Wedekind im Kranken-*
haus. Auf eine sehr natürliche Weise entstand die Situation, in der den Jungs nichts anderes
blieb, als im Flur zu singen. Sie würden doch nicht dem kranken Wedekind seine Bitte
abschlagen! In jedem anderen Krankenhaus hätte man uns mindestens für taktlos gehalten.
Nichts dergleichen geschah hier. Ganz im Gegenteil! Die Patienten kamen aus ihren
Zimmern und baten das Ensemble, weiter zu singen. Der Arzt sagte zu uns, er hätte Bescheid
gewusst, dass der georgische Gesang die beste Medizin für Hermann sei, und er wäre gerade
dabei, festzustellen, dass dasselbe Arzneimittel auch den anderen Kranken helfe."

(W. Kuprawa, Tage der Georgischen Sowjetischen Kultur in Saarbrücken.
„Sabtschota xelovneba" (=„Sowjetische Kunst"), 9, 1974 (in georg. Spr.), S. 38-39.

[20] H. Garber, T. Gvenetadze, Op. cit., S. 164.

[21] Man kann nur ahnen, welche Motive die Zensur zum Verbot der Inszenierung bewogen
haben mochten. Zum einen war der für die Aufführung eines Anti-Kriegs-Stücks aus-
gewählte Zeitpunkt äußerst ungünstig (Die Premiere fand in der Weihnachtswoche 1979
statt, und am 27. Dezember marschierten sowjetische Truppen in Afghanistan ein), zum
anderen sorgte der vorgesehene Ort der Aufführung, die im 13. Jh. erbaute Metechi-Kirche,
für gewisse Unsicherheit (In Moskau war man ohnehin nicht davon begeistert, dass, auf
Verordnung des georgischen Parteichefs, in der Kirche, die vor nicht so langer Zeit noch als
Gefängnis fungierte, ein jugendliches Staatstheater untergebracht war), und schließlich
war „Draußen vor der Tür" ein Stück, das bisher noch in keinem russischen Theater aufgeführt worden war (Nach einem ungeschriebenen Gesetz sollten ausländische Werke
zuerst ins Russische übersetzt bzw. auf russischer Bühne gespielt und erst dann in andere
Sprachen bzw. Bühnen der Sowjetunion übertragen werden).

[22] H. Garber, T. Gvenetadze, Op. cit., S. 165.

[23] Ebd., S. 54.

[24] H. Garber, T. Gvenetadze, Op. cit., S. 169.

[25] Für die freundliche Genehmigung, das Material aus dem Archiv von W. Kuprawa
benutzen zu dürfen, möchte ich dem Sohn des Verstorbenen, Herrn Gia Kuprawa,
herzlich danken.

[26] W. Kuprawa, Deutsch-georgische Kulturbeziehungen.
Undatiertes Manuskript (in georg. Spr.).

[27] Glücklicherweise hatte er in der Person von Universitätsprofessor Dr. Gert Hummel
(1933-2004), dessen Tätigkeit in Georgien ebenso auf ihren Chronisten wartet, einen
begeisterten und engagierten jüngeren Landsmann, der später von den anderen – dem
universitären und dem evangelisch-kirchlichen – Bereichen aus Brücken zwischen dem
Saarland und Georgien baute. Vgl. Th. V Gamkrelidze et al. (Hrsg.), Brücken. Festgabe
für Gert Hummel zum 60. Geburtstag am 8. März 1993. Tbilissi/ Konstanz, 1993.

[28] C. Eich, Op. cit., S. 105-106.

[29] Vgl. H. Garber, T. Gvenetadze, Op. cit., S. 171, S. 176.

[30] Ebd., S. 158.

[31] Ebd.

[32] Ebd., S. 188.

[33] Ebd.

Hermann Wedekind, das Saarland und die Sozialistische Sowjetrepublik Georgien: Kunst führt die Völker zusammen Fragmente einer radikalen und einzigartigen Freundschaft

Martin Buchhorn

Wer nicht Freunde sucht auf Erden
Ist sich selbst der ärgste Feind
(Schota Rustaweli)

Es war Abend. Wir saßen in der Bar im Hotel Iveria in Tbilissi zusammen. Die erste offizielle Saarbrücker Stadtratsdelegation, paritätisch sorgfältig nach Parteizugehörigkeit zusammen gesetzt. Hermann Wedekind war natürlich auch dabei. Er wirkte angespannt, was ich zuvor so an ihm nicht erlebt hatte. Am Spätnachmittag tags zuvor hatte uns eine offizielle Delegation des Tbilisser Stadtsowjets in Moskau am Flughafen Scheremetjevo abgeholt und in ein Moskauer Hotel verfrachtet, weil der Weiterflug nach Georgien erst am nächsten Morgen möglich war. Es war dort eine seltsam gedrückte Spannung – man befand sich schließlich ja zum ersten Mal in der Hochburg des Bösen schlechthin. Was blieb in dieser fremden Atmosphäre anderes übrig, als dem Drängen der ebenso verunsicherten georgischen Offiziellen nachzugeben und den angebotenen Wodka Glas für Glas runter zu schütten. Zu Essen gab es nichts.

Jetzt, endlich hier in Georgien besserte sich die Stimmung zusehends. Es gab Chatschapuri und andere georgische Spezialitäten und wunderbaren georgischen Wein. Jeder hatte nach georgischer Sitte seine eigene Flasche vor sich, die regelmäßig ersetzt wurde, wenn sie leer war. Irgendwann hört man auf zu zählen. Zu Moskau ein Unterschied wie Himmel und Hölle, meinte jemand in der Runde. Ich saß neben dem Leiter der Saarbrücker Delegation, dem Bürgermeiser Haßdenteufel. Es gab die ersten langen Trinksprüche und ein berühmtes Männertrio in historischen Kampfestrachten sang und trank mit. Bei den Trinksprüchen auf georgisch, die niemand von uns verstand, tauchte natürlich sehr häufig der Name des Saarbrücker Delegationsleiters

Haßdenteufel auf. Aber jedes Mal verstanden wir lediglich *„Haßdenteufeli"*. Das Gelächter unter den Saarländern in der Runde wurde von Mal zu Mal lauter, bis die Dolmetscherin die Sache aufklärte, dass in der georgischen Sprache an jeden fremdländischen Namen ein *„i"* angehängt werde – es also bei weitem nichts mit der kleinen Statur des Herrn Bürgermeisters zu tun habe. Zu vorgerückter Stunde erzählte mir Herr *„Haßdenteufeli"* die Geschichte, warum seiner Zeit Hermann Wedekind vom damaligen Stadtrat zum Intendanten des Stadttheaters gewählt worden war. Bei der entscheidenden Sitzung im Rathausfestsaal sei Wedekind zur Vorstellung und Befragung ans Pult gebeten worden. Als er dort stand, habe er als erstes ein Taschentuch aus der Hosentasche gezogen und sich über die Stirn gewischt. Bei dieser Aktion sei ihm ein Rosenkranz aus der Hand zu Boden gefallen, den er nach dem Wischen bedächtig und für alle sichtbar aufgehoben und wieder eingesteckt habe. Das habe die Ratsmitglieder – so *„Haßdenteufeli"* damals zutiefst beeindruckt. Später – irgendwann einmal – habe ich Herrmann Wedekind danach gefragt. Er lächelte und antwortete mit einem seiner Lieblingssprüche *„Immer heiter, Gott hilft weiter"*.

Als damals im Rahmen der Aussöhnungspolitik des SPD-Bundeskanzlers Willy Brandt die Polenverträge im Bundesrat zur Abstimmung standen, verfügte die CDU dort über die Mehrheit. Obwohl die CDU dagegen war, passierten die Verträge das Gremium. Es war die Stimme des saarländischen Ministerpräsidenten Franz-Josef Röder (CDU), die den Ausschlag gab. Die Republik wunderte sich; im Saarland wunderte sich niemand. Röder war von Wedekinds bedingungslosem Freundschaftsvirus namens Georgien rettungslos infiziert. Er hatte erkannt, dass nur auf diese beispiellose Weise des aufeinander Zugehens der Kalte Krieg beendet werden könnte. *„Kunst kennt keine Grenzen!"* Wedekinds globale Friedens- und Liebesbotschaft war längst durch alle Ritzen der Behörden und Ministerien bis in den Landtag und die Staatskanzlei vorgedrungen. Kein Parteibuch bot davor Schutz. Wer saarländische Politiker in Tbilissi erlebt hat, musste sich wohl manchmal die Augen reiben, weil er glaubte zu träumen. In solchen Momenten waren alle eins. Und mittendrin saarländische DKP-Mitglieder, deren Weltbild ins Wanken geriet. Gerade waren sie aus dem Taxi gestiegen, an dessen Armaturenbrett ein Portrait Stalins prangte ... und jetzt diese grenzenlose

Freundschaft, als hätte es nie etwas anderes gegeben. Und die Genossen – ich nenne nur Lutwin Bies – gehörten ganz dazu und brachten sich ein. Die Liebe und Bewunderung für Hermann Wedekind war parteiübergreifend. Er war eine politische Kulturdroge für alle.

Ach ja ... Lutwin Bies: Der Weg nach Tbilissi führte immer über Moskau. Und man konnte nie am gleichen Tag weiter nach Georgien fliegen sondern musste – der Devisen wegen – immer in einem Interhotel übernachten. Und dort traf ich Lutwin. Er war einige Monate an einer Moskauer Universität wegen seiner Doktorarbeit. Wir verbrachten den Abend zusammen. Und am nächsten Morgen, beim Frühstück, war er unglaublich traurig, weil er nicht mit nach Georgien fliegen konnte. Zwei Wochen später, bei meinem Rückflug, die gleiche Situation: wir trafen uns wieder in Moskau, aber diesmal war es umgekehrt: er wollte heim ins Saarland.

Die *„hängenden Gärten zu Babylon"* gelten als Weltwunder und werden der märchenhaften Königin Semiramis von Assyrien zugeschrieben, die von ihrem Sohn in eine Taube verwandelt worden sein soll.
In meinem Bewusstsein sind die *„blühenden Besen von Tbilissi"*, die keine Sage sind und aus keinem Märchen stammen. Ich habe sie im Februar 1978 mit eigenen Augen gesehen: Die blühenden Besen von Georgien in den Händen der Bediensteten der Tbilisser Stadtreinigung. Männer und Frauen mit Besen aus knospenden Sträuchern geflochten, die während der Arbeit zu blühen beginnen.

Ankunft und Abschied in Georgien sind Feste, bei denen die Knie weich werden und die Augen feucht. Oft stand Hermann Wedekind bei unserer Landung in Tbilissi auf dem Rollfeld oder winkte unserer startenden Maschine nach, wenn er in der Oper oder im Rustawelitheater inszenierte.
Schon die Ankunft ist der Beginn der *„Orgie"* von Freundschaft. *„Bolomdé"* sagt der Tamada, der Tischführer, beim Trinken, und das heißt: bis zur Neige. Aber die Georgier beziehen das *„Bolomdé"* nicht nur aufs Trinken. Für sie ist es sozusagen das Motto ihres Lebens – bedenkenlos und absolut. Wenn das Wort vom *„Himmel auf Erden"* das glückliche Zusammensein von Menschen meint, kann es nur aus Georgien stammen.

Mein Kontakt zu georgischen Menschen begann in Saarbrücken, im Theater – 1972. Damals arbeitete ich dort als Dramaturg und erlebte mit, wie Hermann Wedekinds Begeisterung für Georgien schon lange vor der Unterzeichnung der Ostverträge zum praktischen Kulturaustausch zwischen dem Saarland und Georgien heranwuchs. Erst wurden die Verträge zwischen den Landeshauptstädten Saarbrücken/Tbilissi/Nantes über die Partnerschaften unterzeichnet. Später folgten die Vereinbarungen zwischen dem Saarland und dem sowjetischen Georgien – eine Sensation zu Zeiten des Kalten Krieges.

Da war von der ersten Stunde an Nelly Amaschukeli, die zierliche Germanistikprofessorin, die als Übersetzerin der georgischen Opern und Theaterstücke, die hier aufgeführt wurden, nach Saarbrücken kam. Nelly war als Dolmetscherin, rechte Hand und gute Fee Hermann Wedekinds bei seinen Inszenierungen in Georgien und bei allen offiziellen Anlässen und komplizierten Verhandlungen zur Stelle. Durch ihre liebenswerte Art und ihr perfektes, vornehmes Deutsch hat sie die ganzen Jahre zur Verständigung und zum Abbau gegenseitiger Missverständnisse und Vorurteile beigetragen. Und natürlich stand sie auch Giso Shordania zur Seite, dem Regisseur, der die ersten georgischen Werke in Saarbrücken inszenierte.

Sehr schnell haben sich dann die offiziellen Kontakte ausgeweitet. Als erstes kam trotz Protest aus der DDR ein Austausch mit Verträgen zwischen unseren beiden Schriftstellerverbänden zu Stande. Es folgten lebendige Vereinbarungen zwischen den Rundfunkanstalten beider Länder, wobei sich hier das Engagement des damaligen SR-Intendanten Prof. Dr. Hubert Rohde als stark „infiziert" von Hermann Wedekind entpuppte. Es entstanden gemeinsame Filme und Sendungen. Genannt sei hier nur der preisgekrönte Spielfilm „ELSA" mit Hannelore Elsner und Gogi Charabadse in den Hauptrollen, in dem Hermann Wedekind den Saarbrücker Theaterintendanten spielt.

Dann kooperierten die Universitäten, die bis heute ein reges Miteinander pflegen. Bis zum Ende der Oberbürgermeisterschaft von Oskar Lafontaine war auch die Landeshauptstadt in der Partnerschaft stark initiativ. Das betraf in erster Linie kulturelle Projekte wie georgische Wochen im Saarland und umgekehrt, aber auch mehr und mehr den regelmäßigen Austausch

offizieller Delegationen zur Unterstützung des Tbilissier Verwaltungsappa-
rates, etwa des Katasteramtes und anderer Bereiche. Nach der erfolgreichen
Ära Lafontaine im Saarbrücker Rathaus versanken die städtischen Aktivitäten schleichend im Koma.

Als wir (Felicitas Frischmuth, Petra Michaely, Ludwig Harig und ich) im
Februar 1975 als erste offizielle Schriftstellerdelegation in Tbilissi waren,
spazierten Felicitas Frischmuth und ich eines Nachts gegen 24 Uhr über
den Rustaweliprospekt. An der Oper – drinnen brannte noch Licht – dachte
ich an Giso Shordania, den ich noch nicht getroffen hatte und dem ich von
Hermann Wedekind ein Päckchen geben sollte. Im Opernhaus, das vor Jahren
innen ausgebrannt und inzwischen wieder hergestellt war, fanden wir einen
Mann, der Giso sofort anrief. Wenige Minuten später holte er uns im Wagen
ab und brachte uns zu sich nach Hause, wo ein Abschiedsfest für einen
Freund im Gange war. Wir feierten bis morgens mit.

Als ich das erste Mal auf dem Flughafen von Tbilissi aus der Aeroflotmaschine
stieg, verstand ich nicht, warum alle Saarländer – und in der Maschine waren
fast nur Saarländer gewesen – geradezu feierlich die Gangway hinunter stie-
gen. Ich musste an Bilder denken, die die Ankunft sowjetischer Juden in Israel
zeigten, wie diese auf dem Rollfeld niederknieten und den Boden ihrer neuen
Heimat küssten. Das ist auch Saarländern in Georgien passiert.

Unten stand Hermann Wedekind mit Tränen in den Augen und umarmte
jeden. Es ist allein sein Verdienst, dass wir Saarländer im fernen Kaukasus
Menschen gefunden haben, die uns eine so unverhoffte aber nachhaltige
Lektion in Völkersverständigung gegeben haben und es bis heute tun. Damals
war es so etwas wie ein *„Vorgeschmack auf den dauerhaften Frieden"*, von
dem leider auch heute immer noch *„nur"* geträumt wird. Die rasante *„Aus-
tauschautobahn"* der siebziger, achtziger und noch neunziger Jahre ist zu
einer schmalen *„Einbahnstrasse"* von Ost nach West verkümmert. Für die
Gegenrichtung scheint lediglich noch eine Durchfahrtsgenehmigung für
„Fahrräder" zu gelten. Hermann Wedekind hat in den letzten Jahren seines
Lebens mehr und mehr unter der schleichenden Auszehrung der Freundschaft zu Georgien gelitten und auch darunter, dass seine glühenden Appelle,
die Freundschaft auszubauen mehr und mehr verhallten.

Der Elan und die Kraft des Aufbruchs versanken zunehmend im Nebel des Alltäglichen.

Da fällt mir eine andere Szene ein – eine Abschiedsszene: Als kurz vor einem Abflug in Tbilissi die Tür der Maschine langsam geschlossen wurde, die die saarländischen Schauspieler und Gäste der *„Saarländischen Woche in Georgien"* zurückbringen sollte, tauchte in der Tür noch einmal Werner Wachsmuth auf, der mit dem Saarbrücker und dem Tbilisser Ensemble Lessings *„Nathan der Weise"* inszeniert hatte. Er stößt einen grellen Schrei aus, winkt, knöpft seinen rotgelbgestreiften Hosenträger ab und wirft ihn den georgischen Schauspielern zu, die unten an der Gangway versammelt sind. Ich stehe dazwischen, weil ich erst am nächsten Tag fliegen kann und sehe, wie sie weinen. Er wollte etwas zurücklassen, so, wie man etwas zurücklässt, wenn man wiederkommen will.

Wachsmuth war zu diesem Zeitpunkt schon todkrank. Er hatte, ähnlich wie Wedekind, die fundamentale Menschlichkeit der Georgier verstanden und sich ihr rückhaltlos ausgeliefert. Trotz und gerade wegen der unheilbaren Krankheit hatte Hermann Wedekind ihm die Inszenierung anvertraut. Und die mehrmonatige Arbeit in Georgien hat ihn zum Erstaunen seiner Ärzte zwei Jahre länger leben lassen. Er war jung und hatte mit Wedekind erstaunlich viel gemeinsam. Vor allem die spontane Begeisterung und Neugier für das Ausschöpfen ungeahnter Möglichkeiten. Wenige Tage vor der erwähnten Rückreise saßen wir nachts mit Tanja, Hermann Wedekind, Werner Wachsmuth, Guram, Gogi und einigen anderen Schauspielern und Fernsehkollegen beider Länder zusammen. Jeder hatte seine Trinksprüche auf Eltern, Geschwister, Kinder, Frauen, die Liebe, die Freundschaft, das Wetter, die Bundesrepublik, die Sowjetunion, das Saarland und Georgien, die Anwesenden und die Nichtanwesenden, ja sogar auf die Toten gemacht, da stand Werner Wachsmuth auf, öffnete das Fenster und schrie über die dunklen Straßen. Niemand war verblüfft, das war so natürlich, alle standen auf und tranken ihr Glas *„Bolomdé"* aus, so, wie es bei einem besonders guten Trinkspruch gemacht werden muss.

Die georgische Freude unterscheidet sich von der saarländischen durch ihre Überschwänglichkeit, die kaum ohne Tränen auskommt.

Das ist ein Teil der georgischen Seele. Und – ich wage das nicht sicher zu beurteilen – aber wahrscheinlich machte gerade diese echte Menschlichkeit Georgien zur sozialistischsten aller Sowjetrepubliken. Vielleicht nicht immer zum geliebten, aber doch stets beneideten Vorbild innerhalb der sowjetischen Völkergemeinschaft.

Den Schriftsteller und Übersetzer Nodar Ruchadse lernte ich bei meinem ersten Aufenthalt 1973 in Tbilissi kennen. Ein bescheidener Mann, immer etwas blass und grau. Er sprach mit leiser Stimme von dem Buch, an dem er gerade arbeite: *„Deutsche Erzähler des zwanzigsten Jahrhunderts".*

Als es ein Jahr später erschien, war die Auflage von 20 000 Exemplaren nach zwei Tagen vergriffen. Er erzählte von Heinrich Böll und Martin Walser, die er neben vielen anderen übersetzte und die ihn auch schon in Tblilissi besucht hatten. Er sagte, dass er früher den Schimpfnamen *„Deutscher"* getragen habe und dass dies heute für ihn ein Ehrenname sei. Nodar bewunderte Hermann Wedekind. Sie wurden wie Brüder. Wir waren oft zusammen und es war spannend, die beiden bei ihren Diskussionen zu beobachten. Es gab keine Tabus. Ich erinnere mich an ein Gespräch zum Thema Menschenrechte, bei dem beide die Überzeugung äußerten, dass die Verwirklichung der Menschenrechte eine Sache sei, die nur in einer friedlichen Atmosphäre gedeihen könne und Frieden ohne Verständigung und Verständigung ohne enge persönliche Kontakte nicht möglich wäre. In diesem Sinne leiste der Kulturaustausch zwischen dem Saarland und der Sozialistischen Sowjetrepublik Georgien mehr als hundert Resolutionen auf dem Papier. Kunst kennt keine Grenzen!

Nodar hatte damals einen kleinen Sohn: Irakli. Er lebt heute mit seiner Mutter in Saarbücken. Nach dem Tode seines Vaters studierte er im Rahmen der Partnerschaft hier an der Uni. Mittlerweile hat er mit georgischen Künstlerfreunden und Saarländern den gemeinnützigen Verein Art-Transfer e.V. (www.art-transfer.tev) gegründet, der mittlerweile georgische Kunst und Kultur weltweit erfolgreich verbreitet. Für alle Georgienfreunde und die junge Generation wäre dieser Verein eine gute Basis, den eingerosteten Partnerschaftsmotor im Sinne Hermann Wedekinds neu auf Hochtouren zu bringen.

Es ist Sonntag. Die Sonne scheint. Es regnet. Das Telefon klingelt. Leo Korn-
brust, der Mann von Felicitas, ist am Apparat. Er fragt, ob ich wisse, warum
die Georgier gerade mit den Saarländern und nicht mit den Hessen oder
Bayern Freundschaft pflegen wollten. Ich hab darüber eigentlich bisher nicht
nachgedacht. Für mich war das normal, selbstverständlich. Dann merke
ich, dass mir allein schon die Vorstellung schwer fällt, Bayern könnten nach
Tbilissi fahren. Sie würden bestimmt mit hängender Zunge, Bier suchend,
über den Rustaweliprospekt hetzen, nichts finden und ihr lautstarkes
Geschrei erst in der Lufthansamaschine von Moskau nach Frankfurt für kurze
Zeit unterbrechen, um dann um so lauter wieder loszulegen, weil sie feststellen müssen, dass vor ihnen, auf dem Hinflug Frankfurt/Moskau, einige
Bayern das gesamte Bierarsenal weg getrunken haben. Diese Verdammnis
hat Georgien nicht verdient und deswegen kann die Freundschaft auch nur
zwischen den Wein liebenden Saarländern und den Wein liebenden Georgiern gedeihen. Außerdem gibt es auch Bier in Georgien. In Tbilissi, im Hotel
Iveria, ganz unten rechts ist eine kleine Bierkneipe. Dort fließt das Getränk
ohne Unterbrechung aus einem dünnen gebogenen Messingröhrchen aus
der Theke . . . Aber den Tipp kennen halt auch nur die Saarländer.

Zurück zu Leo. Nachdem ich also nicht weiß, warum gerade die Saarländer
mit den Georgiern so eng verwandt sind, erzählt er mir, er habe soeben an den
Skulpturen des Internationalen Steinbildhauersymposions oberhalb seines
Wohnhauses zwischen St. Wendel und Baltersweiler (Leo ist selbst Bildhauer
und hat dieses Symposion ins Leben gerufen) einen ungeheuer dicken Mann
getroffen. Der habe sich als Freund von Erich Dänicken ausgegeben und ihn
gefragt, ob er wisse, was es mit dem Namen der kleinen nordsaarländischen
Stadt Nohfelden, dem Örtchen Nohfelda und dem Flüsschen Nahe auf sich
habe. Die rührten nämlich von dem alttestamentarischen Noah her, denn
der sei einst in dieser Gegend gewesen, das hätte Erich Dänicken herausge-
funden und könne es auch beweisen.
Und da Noah bekanntlich mit seiner Arche im Ararat-Hochland der Sintflut
entkam und das Ararat-Hochland teilweise im heutigen Armenien liegt und
Armenien an Georgien grenzt, beide früher wohl auch einmal zusammenge-
hört hätten, sei es nur logisch, dass die Georgier speziell mit den Saarländern
befreundet wären und nicht etwa mit den Bayern oder Hessen.

Was Noah betrifft, will ich Dänicken gerne glauben, allein schon wegen der Freundschaft.

Und wegen Hermann Wedekind und seiner unvergesslichen Kunst, Menschen so füreinander zu begeistern, dass sie trotz aller politischen und gesellschaftlichen Fußangeln Freunde geworden und bis heute geblieben sind. *„Immer heiter, Gott hilft weiter"* würde Hermann jetzt als Patriarch sagen ... und weise verschmitzt lächeln.

GRENZGÄNGER
Keine Ahnung von
Diplomatie hat
Dieser Grashüpfer
Jeden Tag verletzt er die Grenze
Wann es ihm beliebt.

(Moris Potzchischwili, berühmter Dichter und Verleger, Freund von Hermann Wedekind)

Saarland- Georgien | Saarbrücken -Tbilissi
Hermann Wedekind gab die Anstöße
Wie sich die Partnerschaften entwickelt haben

Alfred Schwarz

Politische Schranken

Um 1970 konnte ein Westeuropäer zwar ohne weiteres in Afrika oder Amerika seinen Urlaub verbringen, auch nach Australien reisen und sich dort frei bewegen. Sobald er indessen den Fuß hinter den *„Eisernen Vorhang"* (ein von W. Churchill geprägter Begriff) setzen wollte, wurden ihm Schranken gesetzt. Kam man überhaupt in ein Land unter sowjetischem Einfluss, so war man zumindest in der Bewegungsfreiheit beschränkt. Man wurde in der Sowjetunion, – so ist es dem Autor ergangen – wenn nicht gerade behindert, so doch überwacht. Auch gegen Kulturaustausch hegte man Misstrauen. Da erfuhren die Beteiligten zuviel übereinander.

Bemühungen des Aufbruchs

Prof. Hermann Wedekind (1910-1998), ein umtriebiger Künstler – er war im Laufe der Jahre Schauspieler, Regieassistent, Heldentenor, Regisseur und Oberspielleiter in allen Sparten des Theaters gewesen – hatte 1960 die Leitung des Stadttheaters Saarbrücken (ab 1971 *„Saarländisches Staatstheater"*) übernommen; dort wirkte er bis 1975. Schon 1966 veranstaltete er *„Polnische Theatertage"* und begann damit eine Art Einstieg in den kulturellen Bereich des Ostens. Der sowjetische Botschafter in Luxemburg, Koscrew, fragte Wedekind, ob er nicht auch russische Theatertage wagen wolle, was dieser bejahte. Offenbar hat dieses Gespräch Wege in Moskau geebnet, denn ein Jahr darauf reisten russische Theaterleute zum ersten Mal ins Saarland.

Der Erfolg der russischen Theatertage 1968 in Saarbücken kam wohl in der sowjetischen Machtzentrale gut an. Überdies wurde 1970 mit dem *„Moskauer Vertrag"* zwischen der Sowjetunion und der Bundesrepublik Deutschland eine allgemeine Entspannung eingeleitet, die sehr unterschiedliche Schritte des Entgegenkommens, auch auf kulturellem Gebiet, ermöglichte.

1972 lud die sowjetische Kulturministerin Jekaterina Furtsewa über „Goskonzert" Hermann Wedekind zu einer Studienreise ein; dabei ließ sie ihm auch die Wahl einer Stadt offen. Wedekind wollte „in die Wärme" und geriet so nach Tbilissi.

Kaukasiche Versuchung

Auf welche Gedanken brachte der Begriff „Georgien" einen Westeuropäer vor 30 Jahren? Wer, wie Wedekind, das Gymnasium besucht hatte, erinnerte sich sofort an die Argonauten, die Kolchis, das goldene Vlies. Das war schon geheimnisvoll. Den Älteren fiel auch der Elbrus ein, der im Krieg eine Rolle gespielt hatte; damit verband sich die Vorstellung von majestätischen, eindrucksvollen Bergen.

Im Hinterkopf tauchte dann noch der Ararat auf (der lag irgendwo an verschiedenen Grenzen) und das Bild von der Arche Noah, die dort ge-landet sein soll. Schließlich hatte man im Fernsehen öfter Bilder von der Schwarzmeerküste gesehen, die in ihrer subtropischen und überbordenden Vegetation wie ein Garten Eden wirkte; im Oktober „wuchsen einem dort die Trauben und Feigen in den Mund." Beim Nachdenken tauchten zwar negativ die Namen Stalin und Berija auf, aber die waren beide tot (Schewardnadse, später ein ausgesprochener Liebling der Deutschen, war noch nicht bekannt). Alles in allem schien es doch eher lohnend, mit diesem Georgien Bekanntschaft zu machen.Im Winter 1972 kamen die Tbilisser nach Saarbrücken, am 14.1.1973 fand die Premiere der Oper, „Daissi" statt. Der Komponist Paliaschwili in Saarbrücken unbekannt, seine Melodien indessen für deutschen Geschmack eingängig.

Die Aufführung kam glänzend an. Damit war das Tor nach Georgien aufgestoßen.

Im März 1973 reiste Hemann Wedekind mit seinem Generalmusikdi-rektor Siegfried Köhler und einer Inszenierungsgruppe nach Tbilissi, um eine Aufführung des „Lohengrin" vorzubereiten. Zur Premiere kamen der saarländische Kultusminister Werner Scherer für das Land und der Saar-brücker Bürgermeister Edmund Haßdenteufel für die Stadt nach Tbilissi.

So kam es auch für den Vertreter der Landeshauptstadt Saarbrücken zu ersten intensiven Kontakten mit der Tbilisser Stadtverwaltung. Dies waren praktisch die ersten Vorverhandlungen über eine Partnerschaft.

Es ergab sich auch, dass diese Georgier sehr umgängliche Leute waren, sich um ihre Gäste bemühten und gut Feste zu feiern wussten.
Die georgische Sprache klang nicht flach, sondern kraftvoll; sie sollte im Bau Gemeinsamkeiten mit dem Baskischen haben. Die Gesänge muteten fremdartig an, Tänzerinnen schwebten gelegentlich wie auf Rollen über die Bühne. Das alles wirkte ungewohnt, aber zugleich reizvoll. Dass im Umgang mit den Westleuten manche politisch motivierten (hemmenden) Vorschriften missachtet wurden, konnte ebenfalls positiv vermerkt werden.

Im Vorfeld der Partnerschaft: Ministerpräsident Dr. Franz Josef Röder (rechts im Bild) empfängt den stellvertretenden Kulturminister von Georgien, Wochtang Kuprawa (links), und dessen Delegation in der Staatskanzlei in Saarbrücken 20. Jan. 1975, Photo: Erich Isenhuth, St. Ingbert

Städtepartnerschaft 1975

Im Mai/Juni 1974 lief die erste Georgische Woche im Saarland ab – mit über hundert Mitwirkenden aus Georgien. Als frühe Opernregisseure waren Ghizo Giordania und Robert Sturua auf mehrere Wochen ins Land gekommen; einer der ersten Dolmetscher für die Regiearbeit war der Tbilisser Germanist Samson Karbelaschwili. Kulturminister Otor Taktakischwili konnte die Aufführung seiner eigenen Oper *„Mindia"* in Saarbrücken erleben. Von da ab war es bis zum Abschluss einer formellen Vereinbarung nicht mehr weit.

Pragrammheft der Georgischen Woche 1974

Am 22. März 1975 wurde im Tbilisser Rathaus der „*Vertrag über die freundschaftliche Verbindung zwischen den Städten Saarbrücken (BRD) und Tbilissi (UdSSR)*" unterzeichnet.

Der Text stellte zwar kulturelle Beziehungen in den Vordergrund, schloss aber klugerweise auch andere Bereiche nicht aus. Unter anderem wurden der Austausch von Erfahrungen auf dem Gebiet der kommunalen Planung und Wirtschaftsführung, die Bewältigung sozialer Probleme und die Förderung des Tourismus genannt. Mit der Vereinbarung waren zwei Städte zueinander gekommen, welche in vielerlei Hinsicht unterschiedlich oder ungleich waren, unter anderem hinsichtlich der Einwohnerzahl, denn Tbilissi ist etwa sieben bis achtmal größer als Saarbrücken.

Ministerpräsident Dr. Franz Josef Röder, seine Frau Magdalene und der Saarbrücker Oberbürgermeister Oskar Lafontaine (3. von links) statten Tbilissi, Hauptstadt von Georgien und Partnerstadt von Saarbrücken, einen Besuch ab, Photo: privat

Aber was könnte man vom Nutzen einer Begegnung erwarten, in der beide Partner fast in jeder Beziehung gleichartig sind? Eine Städtepartnerschaft, um dies klar zu stellen, verwirklicht sich auch nicht darin, dass ausschließlich kommunale Einrichtungen für sie tätig werden; in der Praxis werden, wie noch zu schildern sein wird, auch eine Menge anderer Einrichtungen, Vereinigungen oder Einzelpersonen im Sinne der Partnerschaft aktiv.

Im Übrigen war der Vertrag der erste seiner Art zwischen einer westdeutschen und einer Stadt in der Sowjetunion. Weitere Vertragsabschlüsse folgten; 1987 fand in Saarbrücken das erste Seminar aller Partnerstädte aus der Bundesrepublik Deutschland und der Sowjetunion statt.

Derzeit ist – so darf man das vielleicht einschätzen – das kulturelle Potential der Tbilisser größer als das ihrer Partner, aber die Arbeit mit hochentwickelter Technik ist wohl bei den Saarbrückern weiter entwickelt. Das bewirkt Spannung, und die belebt die Rührigkeit.

Frühe Entwicklungen
Nun war er also unterzeichnet, der Vertrag. Er betonte die Kultur, und so waren auch die ersten zehn Jahre vornehmlich durch den Austausch auf den Gebieten von Musik, Theater, Literatur, Bildender Kunst und Film gekennzeichnet. So gab es zum Beispiel – mit Theater- und Filmaufführungen einschließlich Musik und Tanz, Konzerten, Kunstausstellungen, Lesungen:
Im Mai/Juni 1976 eine Saarland-Woche in Tbilissi,
im September 1977 Georgische Tage im Saarland,
im November 1978 eine Georgische Woche im Saarland,
im Juni 1983 eine Georgische Woche im Saarland,
im September 1984 Tage des Saarlandes in Tbilissi.

Die Saarländer führten die Georgier, welche nach Saabrücken kamen, auch zum Essen oder zu Besichtigungen nach Frankreich und Luxemburg aus. Dies war den Georgiern zwar verboten, aber die Neugier war stärker, und es war für sie damals kaum verständlich, dass an den Grenzen zum Ausland keine uniformierten Personen standen und sie nach Papieren fragten.
Seit den späten Siebziger Jahren besuchten zahlreiche Saarländer Tbilissi. Sie lernten die alte Georgische Heerstraße kennen, litten im Nordkaukasus an Durchfall, weil sie offenbar nicht an die örtlichen Bakterien gewöhnt waren, bewunderten über dem Mtkwari-Ufer Wachtang Gorgassali,

fuhren auf den Mtatsminda und kamen unter Umständen bis nach Bortschomi oder gar Batumi. Während sich die Landschaft um Gori noch nicht sehr unterschiedlich zur Heimat darstellte, was die Vegetation anlangt, wirkte die Fruchtbarkeit am Schwarzmeer schon faszinierend. Es gab auch große Abstecher, zum Teil bis nach Armenien, dort staunten die Saarländer nicht schlecht, als sich ihnen Gelegenheit bot, im Kloster Edschmiadzin bei einem feierlichen Sonntagsumzug dem Kotholikos das Gewand zu küssen. Ein Saarländer wurde in einem georgischen Dorf zu einem Beerdigungsmahl eingeladen, einfach weil er anwesend war. Man servierte Reis und Hammelgulasch. Nur der Deutsche erhielt ein Besteck; auf seine Frage, warum, sagte die bewirtende Witwe, er sei wohl der einzige, der nicht normal essen könne. Übrigens: Die Verständigung ist für Deutsche, wenn sie ihren Dolmetscher bei Ausflügen verlieren, nicht so einfach wie in etwa in Spanien oder Italien, wo jeder schon mehrfach war.

Ein Saarländer, der in Georgien seine „*Herde*" verloren hatte, aber sich noch der Bibliothek nahe seiner Unterkunft erinnerte, konnte einem Polizisten gegenüber nur stammeln: „*Bibliotheka*". Der Milizionär führte ihn, munter plaudernd und ohne dass sein Partner auch nur ein Wort verstanden hätte, am Arm um drei Straßenecken hin.

Am Rande bemerkt: Derzeit muss ein Deutscher für 1 Woche Aufenthalt in Tbilissi – samt Flug – an die 500 € hinlegen, für 2 Wochen mit Rundreise, etwa durch den Bortschomi-Charagauli-Nationalpark, braucht es schon an die 1.800 €. (Eine 2-wöchige Safari-Reise nach Kenia mit Badeaufenthalt am weißen Strand und Vollpension kann man schon für weniger als 900 € haben).

Schwierigkeiten

Alle die oben geschilderten Aktivitäten erfuhren einschneidende Einschränkungen oder kamen gar ganz zum Erliegen durch die Politischen Veränderungen ab 1989, mit der Auflösung der Sowjet-Union, mit der Erklärung der Unabhängigkeit Georgiens im Jahre 1991, mit dem Aufstand gegen Gamsachurdia, mit den Konflikten Georgiens in den Randgebieten.

Dazu soll einmal erläutert werden: Die Informationen der Deutschen über Georgien, insbesondere durch Presse und Fernsehen, sind weder spärlich noch langen sie verspätet an. Den Deutschen sind aus ihren Tageszeitungen Landkarten vertraut, in denen das Land mit Krisenregionen wie Adscharien, Abchasien, Süd-Ossetien oder das Pankisi-Tal dargestellt wird, samt Kommentaren oder Berichten.

Am Tag der Vereidigung von Präsident Saakaschwili (25. Januar 2004) wurde den Deutschen im Fernsehen schon unter anderem die neue Flagge mit fünf Kreuzen vorgestellt und verkündet, dass der Präsident binnen kurzem Deutschland besuchen wolle.

Es ist einleuchtend, dass Touristen (zeitweilig) nicht in ein Land fahren, welches in seiner Hauptstadt eine Menge Flüchtlinge unterbringen muss, wo Gebäude zerstört worden sind, und wo auch sonstiger Austausch zum Erliegen kommt, wenn staatliche oder kommunale Strukturen zusammenbrechen oder an den Rand der Funktionsfähigkeit geraten. So war es auch im Verhältnis Saarbrücken/Tbilissi. Der kulturelle Austausch musste in den Hintergrund treten. Die sogenannten Bürgerreisen brachen ab.

Aber die Partnerschaft wurde nicht beendet. Man hat sich jeweils der Situation angepasst und neue Ideen aufgegriffen.

Die Saarbrücker haben versucht, vor allem ab 1992 – unter anderem zusammen mit dem Saarländischen Arbeiter-Samariter-Bund – Hilfstransporte nach Georgien zu organisieren, die sich mit der Lieferung von Medikamenten, Kleidung, Lebensmitteln und medizinischen Geräten befassten. Leider wurden die Transporte (mit Lastkraftwagen) an den Grenzen verschiedener Durchgangsländer in solchem Maße *„geschröpft"*, dass die Fortführung der Maßnahmen nicht mehr tragbar war.

In den späten 90er Jahren und ab 2000 nahm der Austausch von Veranstaltungen mit kulturellem Einschlag wieder zu. Eine vollzählige Wiedergabe würde hier zuviel Platz beanspruchen. Zitieren wir nur einige Beispiele:

2001 Gastspiel des Saarländischen Staatstheaters in Tbilissi, Klavierkonzert mit der Pianistin Ani Takidse, Ausstellungen der Gogebaschwili- Hochschule und von Prof. Tengis Mokhoroschwili in Saarbrücken, 2002 Fotoausstellungen

*von Gia Tschchataraschwili und von Nestau Totorischwili in Saarbrücken;
die Tbilisser Jazz-Gruppe Bluesmobile erfreut die Saarbrücker 2002 und 2003.
Im März 2004 gastierte das Tbilisser Mimodram-Theater in Saarbrücken.*

Im gleichen Zeitraum kamen neue Gedanken der Gestaltung auf:
Am 29. Jan. 2003 haben der Saarbrücker Bürgermeister Breuer und sein
Tbilisser Kollege Scheradse in Saarbrücken eine Vereinbarung unterzeichnet, mit welcher der bisherige Wirkungsbereich der Partnerschaft
praktisch dadurch ausgedehnt wird, dass beide Städte im sogenannten
„Städtenetzwerk Kaukasus" mitwirken. Darüber soll im folgenden unter anderem berichtet werden.

Geld und GTZ

Alle Vorhaben des partnerschaftlichen Austauschs erfordern nebst gutem
Willen und persönlichem Einsatz auch Finanzmittel. Hier kommt der
Stadt Saarbrücken, und nicht nur dieser, ein glücklicher Umstand zu Hilfe.
1975 schuf die Bundesregierung die Gesellschaft für Technische
Zusammenarbeit (GTZ), welche, hauptsächlich vom Bundesministerium
für wirtschaftliche Zusammenarbeit und Entwicklung (BMZ) beauftragt,
in über 130 Ländern der Erde Entwicklungsprojekte voran treibt.
Diese Gesellschaft unterstützt auch nachhaltig Maßnahmen der Stärkung
georgischer Verwaltungsstrukturen auf kommunaler und regionaler Ebene.

Wie dies im einzelnen geschieht, soll am konkreten Beispiel des Land-
managements aufgezeigt werden. In Georgien ergaben sich nach der
Abkehr vom kommunistischen Wirtschaftssystem neue spezifische
Probleme. Schon seit 1994 haben die GTZ und die Stadt Saarbrücken,
dort vornehmlich das Vermessungsamt, zunächst über Tbilissi, in der Folge
über ganz Georgien, Luftaufnahmen gemacht.

Mit zwei Spezialflugzeugen haben sie die Landschaft in Streifen
abgeflogen, Tbilissi allein 25 mal, was möglicherweise die Militärs beunruhigt
hat. Dabei wurden allein von Tbilissi 800 Luftaufnahmen gemacht, welche
Grundlage für eine Stadtgrundkarte sind; dazu braucht man dann auch eine
Aufzeichnung über die Eigentümer, wofür die Grundlagen am Boden ermit-

telt werden. Nun kann sich ein Kaukasier fragen, wofür so etwas gut sein soll. Das versteht nur, wer deutsche Verhältnisse kennt.

Ein Beispiel:

Am 30. Januar 2004 enthält die Saarbrücker Zeitung, wie üblich einmal in der Woche, Grundstücksangebote (bebaute, unbebaute Grundstücke, Geschäftshäuser, Werkhallen und so fort); und zwar über 300. Sämtliche Interessenten wollen verlässliche Angaben über die Größe, die Belastungen der Grundstücke erhalten und sicher sein, dass sie nicht mehrmals verkauft werden können oder dass der Kaufpreis veruntreut wird; sie wollen ferner (oft) – mit dem Grundstück als Sicherheit – Kredite aufnehmen. All das können sie nur erreichen, wenn eine genaue Aufzeichnung über die Grundstücke besteht (Kataster) und wenn in einem weiteren Register (Grundbuch) der neue Eigentümer für aufgenommene Kredite Sicherheit durch die Eintragung von Hypotheken oder Grundschulden leisten kann; davon ist häufig die beabsichtigte Gründung eines Betriebes abhängig. Wer also Handel und Wandel fördern und den Bürgern Klarheit und Sicherheit im Grundstückshandel verschaffen will, muss solche Einrichtungen haben. Auch Erben oder Nachbarn können mit Hilfe des Katasters gelegentlich langwierige Streitereien vor Gericht vermeiden.

Andererseits ist Land nicht vermehrbar; also muss man sich wohl überlegen, was man damit macht. Dafür ist Raumplanung da, mit einfachen Worten ausgedrückt, stellt sie positiv dar, für welche Entwicklungen (zum Beispiel Industriezonen, Handelszentren, Erholungsgebiete, Wohnsiedlungen, land- und forstwirtschaftliche Nutzung) man Teile der Landschaft offen hält oder öffnet, und negativ, für welche Nutzung man Flächen sperrt. Solche Arbeiten werden auch erst im Anschluss an die Erstellung von Kataster und Grundbuch durchführbar. Wie immer bei solchen Neuerungen braucht man schließlich Leute, welche die Materie beherrschen. Hier haben das Planungsamt der Stadt Saarbrücken und die Universität Kaiserslautern (ca. 70 km von Saarbrücken entfernt) gute Dienste durch Ausbildung, Fortbildung und Qualifizierung von

Fachkräften auf dem Gebiet der Raumordnung und der kommunalen Planung geleistet.

Inzwischen ist die Vermessung von ganz Georgien abgeschlossen. Natürlich gehörte, um das neue System zu nutzen, auch die Lieferung von Landvermessungsgeräten, Computern und Software zur Durchführung des Entwicklungsprogramms. Die Städtepartner haben beide für die Verwirklichung der oben beschriebenen Maßnahmen Personal eingesetzt, desgleichen die Universität Kaiserslautern, aber im übrigen sind via GTZ über einen Zeitraum von nunmehr etwa 10 Jahren für diese Arbeiten mehr als 19 Mio € an Krediten und nicht rückzahlbaren Darlehen eingesetzt worden. Damit endet die Tätigkeit der GTZ aber nicht. In der Erwägung, dass die Kaukasus-Staaten Georgien, Aserbeidschan und Armenien einige Probleme haben, die allen gemeinsam sind, hat der Bundesminister für wirtschaftliche Zusammenarbeit und Entwicklung ein Programm ins Leben gerufen, welches sich *„Städtenetz Kaukasus"* nennt. Städtepartner sind außer Saarbrücken/ Tbilissi auch Ludwigshafen/Sumgait (Aserbeidschan) und Biberach an der Riß/Telawi, schließlich gibt es ein Kommunalprojekt in Armenien. Ziel des *„Städtenetzes"* ist, in den Städten der drei genannten Staaten kommunale Verwaltungen, Versorgungseinrichtugen und Nichtregierungs-Organisationen sowie deren Zusammenarbeit mit der Bevölkerung zu stärken.

Neue Inhalte

Damit werden weitere technische, soziale und organisatorische Themen in den Rahmen der Partnerschaft Saarbrücken/Tbilissi aufgenommen. In Stichworten: Als neue Gegenstände der Zusammenarbeit sind vorgesehen: Jugend und Soziales, *„Gender"*, Umweltschutz und Abfallverwertung. Übrigens hat zum 25-jährigen Bestehen der Partnerschaft die Stadt Saarbrücken der Stadt Tbilissi 25 *„Beratungswochen"* zum Aufbau einer demokratischen Verwaltungsstruktur geschenkt, auch in diesem Rahmen können die Tbilisser hiesige Experten auf verschiedenen Gebieten nach Bedarf abrufen.

Hier sollen die Punkte angesprochen werden, welche vielleicht in Georgien bislang weniger öffentliche Beachtung gefunden haben.

Was Jugend und Soziales anlangt, liegen die Probleme jedenfalls im Prinzip, wenn auch mit graduellen Unterschieden, wohl sehr nahe beieinander. Jugendliche brauchen Ausbildung, Arbeitsplätze, außerhalb von Schule und Beruf soll ihnen etwas Vernünftiges geboten werden, sollen sie Halt finden können, das ist uns allen gleichermaßen vertraut.

Aber Gender! Was ist das? Der Begriff (häufig auch: *„gender mainstream"*, sinngemäß etwa: Hauptaufgabe zur Herstellung der Geschlechter-Gleichbehandlung) stammt aus dem Englischen (engl.: gender= deutsch: Genus, Geschlecht) und zielt ab auf alle aus der Unterschiedlichkeit der Geschlechter stammenden Probleme (Schlagworte: *„Gewalt gegen Frauen"*, *„Gleichberechtigung der Geschlechter"*, *„Abbau von Abwehrhaltungen"*). Das Konzept des *„gender mainstreaming"* wurde als Begriff von der Weltfrauenkonferenz in Peking 1995 entwickelt und von der Europäischen Union im Vertrag von Amsterdam 1997 verankert. Mit Konzepten zur Herstellung von Demokratie auf allen Ebenen, wo Mann und Frau in Konkurrenz treten, werden sich also die Städtepartner künftig befassen.

Umweltschutz ist ein weiteres Thema, welches die Westeuropäer erheblich beschäftigt. Besonders in industriell geprägten Regionen (Beispiel: Braunkohleabbau in Ostdeutschland) wird einem bewusst, in welch verheerendem Maße unüberlegter Umgang mit der Natur die Tier- und Pflanzenwelt schädigen und zerstören kann. Auf diesem Gebiet ist Schulung, Wecken des Problembewusstseins und Stärkung des Willens zur Durchsetzung von Maßnahmen, Einschränkungen oder Verboten – übrigens meist gegen ganz massive finanzielle Interessen – vonnöten. Am Rande sei bemerkt, dass in Deutschland und den Nachbarländern jeweils eine politische Partei (so genannte *„Grüne"* mit unterschiedlicher Bezeichnung) darin ihre Existenzgrundlage findet, dass sie Umweltschutzideen vordergründig vertritt.

Ein weiteres Thema ist die Demokratisierung der kommunalen Verwaltung. Es gibt nicht nur in Indien heilige Kühe (die man bekanntlich nicht schlachten darf), sondern auch in Deutschland.

Eine dieser Kühe ist die kommunale Selbstverwaltung, konstitutionell garantiert. So heißt es zum Beispiel in der Verfassung des Saarlandes (Art. 117, Absatz 3): *„Die Gemeinden regeln ihre Angelegenheiten im Rahmen der Gesetze in eigener Verantwortung"*. Dabei unterscheidet man freiwillige Aufgaben, Pflichtaufgaben und Auftragsangelegenheiten. Nur bei letzteren, welche den Kommunen als ursprünglich staatliche Aufgaben zum Zwecke ortsnaher Durchführung übertragen werden, sind sie den Weisungen staatlicher Stellen unterworfen.

So wäre es beispielsweise undenkbar, dass der Staat Bürgermeister ernennt. Nach der derzeitigen Rechtslage werden Spitzenbeamte der kommunalen Verwaltung (Bürgermeister, Oberbürgermeister), desgleichen Landräte als Chefs der (regionalen) Kreisverwaltung im Saarland von der Bevölkerung gewählt. Man ist zwar hinterher nicht sicher, ob die Gewählten besser sind als es ein von anderer Seite bestimmter Verwaltungschef wäre, aber eines ist gewiss: Die Wahlgewinner sind häufig nicht diejenigen, welche das Kommunalparlament (Stadtrat, Kreisrat) ausgesucht hätte.

Noch ein Zweites zu diesem Thema: Jede Gemeinde bestimmt in einem Geschäftsverteilungsplan möglichst genau, welche Verwaltungsstellen (Ämter, Dezernate) wofür zuständig sind. So wäre es nicht möglich, etwa bei einem städtischen Forstamt eine Erlaubnis zum Erwerb einer Jagdwaffe in Hinsicht darauf zu erhalten, dass im Wald gejagt wird (dies ist vielmehr eine Polizei-Angelegenheit). Eine wahldurchdachte Geschäftsverteilung sorgt bei der Bevölkerung, wenn sie Behörden anspricht, für Klarheit, in der Verwaltung verhindert sie Durcheinander und Mehrfachbearbeitungen.

Kommen wir schließlich zur Abfallbeseitigung: Abfall war früher vorwiegend lästige Materie, welche man irgendwo ins Gelände kippte und vielleicht noch abdeckte, um grobe Belästigungen zu vermeiden. Heute ist klar, dass im Müll viele Stoffe enthalten sind, die man wiederverwenden kann. Mit letzterem wird zweierlei erreicht: Wir verbrauchen oder erschöpfen wichtige Rohstoffe langsamer; anderseits ist der Müll, welcher ins *„recycling"* geht, Geld wert.

Unter den Planungen, welche Saarbrücken mit den Tbilissern durch-
führt, gewinnt auch diese Idee Gestalt (sie wird auch wieder in dem
„Städtenetz Kaukasus" für andere Städte Bedeutung gewinnen). Nehmen
wir als Beispiel Saarbrücken. Dort werden getrennt gesammelt: Glasbehält-
nisse, Papier und Kartons, und an Verpackungsmaterial Aluminium und
Weißblech, Kunststoffe und Verbundstoffe (etwa Tüten mit Dichtungsfo-
lien). Glas und Papier liefert der Bürger selbst an besonderen Behältern ab,
die Verpackungsstoffe werden abgeholt.

Würde eine Familie die genannten Abfälle nicht aussondern, sondern
in die an der Wohnung stehende *„Restmülltonne"* werfen, bräuchte sie im
Zweifel mehr Raum an Mülltonnen und müsste dafür höhere Gebühren
bezahlen.

In Tbilissi sind mittlerweile 17 deutsche Müllfahrzeuge im Einsatz, die Tren-
nung von Müll hat – mit Papieraussonderung – begonnen. Schwierigkeiten
bereitet die Finanzierung, weil die dafür notwendigen Gebühren nicht von
den Haushalten aufgebracht werden.

Man sieht, wie sich Partnerschaftsthemen gewandelt haben. Deshalb soll
hier einmal festgestellt werden, dass jede Partnerschaft so lange sinnvoll
erscheint, wie sie irgend einen Nutzen bringt, mit anderen Worten:
Es muss nicht immer kultureller Austausch sein, es kann auch nicht allein
auf Besuchstourismus ankommen, es muss auch kein Geld verdient
werden. Unter dieser Hypothese ist die Partnerschaft Tbilissi-Saarbrücken
sicher weiterhin fördernswert geblieben.

Streuwirkungen

Einrichtungen – wie Städtepartnerschaften – leben nicht steril unter einer
Glasglocke. Sie zeugen Nebenergebnisse und bringen auch andere Leute auf
Austausch-Ideen.

Eine vollständige Auflistung derartiger Aktivitäten an dieser Stelle würde den
Rahmen, des Themas sprengen; andererseits sollen doch die *„Streuwirkun-
gen"* der Städte-Partnerschaft ins Licht gerückt werden. Oskar Lafontaine, von
1976-1985 Saarbrückens Oberbürgermeister, sodann bis 1998 Ministerpräsident des Saarlandes, schließlich Bundesfinanzminister bis März
1999, hatte schon 1975 den Vertrag zwischen den Städten Tbilissi und Saar-

brücken für die Stadt unterzeichnet. Als Ministerpräsident des Saarlandes lag ihm wohl daran, die Partnerschaft mit den Georgiern auf Landesebene auszudehnen. Am 12. September 1987 unterzeichnete er mit seinem georgischen Kollegen eine „*Gemeinsame Erklärung über partnerschaftliche Beziehungen zwischen Georgien, Republik der Union Sozialistischer Sowjet-Republiken, und dem Saarland, Land der Bundesrepublik Deutschland*". Der Inhalt der Erklärung wich nicht unwesentlich von den Zielformulierung der Städtepartnerschaft ab. Außer der Kultur tauchten Bereiche auf, welche unser Leben heute in erheblichem Maße beeinflussen, nämlich vorrangige Entwicklungen der Industrie, Wissenschaft und Technik und Angelegenheiten des Umweltschutzes.

Dem Range nach handelte es sich wohl um ein Verwaltungsabkommen, welches denn auch nicht einer formellen Ratifizierung bedurfte; ob es heute noch rechtlichen Bestand hat (weil Georgien seine staatliche Identität erheblich gewandelt hat, nämlich von einer Sowjetrepublik zum unabhängigen Staat), mag dahinstehen. Jedenfalls hat keiner der Partner bisher den Austausch in seinem Einflussbereich gehemmt, wie man im folgenden feststellen kann.

Da in Deutschland die Bundesländer die Kulturhoheit haben, kann die Bundesregierung nicht ohne Mitwirkung der Länder international auf kulturellem Gebiet tätig werden. Für Georgien ist insoweit nach Vereinbarung der Kultusminister der Länder der Saarländische Minister für Bildung, in der Praxis derzeit Staatssekretär Stephan Körner, zuständig; er hat auch schon Georgien besucht. Im Juni 2002 hat es auch in Saarbrücken Gespräche mit dem damaligen georgischen Bildungsminister Prof. Kartozia gegeben.

Kooperationsvereinbarungen bestehen zwischen der Universität des Saarlandes und der Iwan-Jawakischwili-Universität Tbilissi, der Hochschule für Technik und Wirtschaft in Saarbrücken und der Technischen Universität in Tbilissi, dem Saarländischen Rundfunk und georgischen Partnern, der Architektenkammer des Saarlandes und der entsprechenden georgischen Einrichtung.

Wie die GTZ auf technisch-organisatorischem Gebiet Hilfe leistet; so tut dies finanziell der Deutsche Akademische Austauschdienst (DAAD); mit seinem Zutun ist es möglich, alljährlich mehrere Studenten und Professoren auszutauschen. Es kommen im Durchschnitt 20 Georgier ins Saarland, sechs hiesige fliegen nach Georgien. Georgische Studenten erhalten in Saarbrücken ein Zimmer, es wird ihnen die Krankenversicherung und ein Taschengeld gewährleistet.

Es haben Schulaustausche, besonders zwischen Gymnasien der Kreisstadt Homburg und der Freien Waldorfschule in Saarbrücken-Altenkessel mit Georgien stattgefunden. Insoweit – dies muss man einräumen – besteht eher eine Einbahnstraße: Die Georgier kommen her, aber weniger junge Saarländer reisen nach Georgien. Dies liegt im wesentlichen daran, dass zwar georgische Schüler Deutsch lernen, saarländische Schüler aber nicht Georgisch.

Hier existiert die *„Deutsch-Georgische Gesellschaft im Saarland"*, welche seit Jahren besondere Kontakte zu Kutoissi pflegt (Schüler kommen auf 3-4 Monate ins Saarland), ferner ein Verein *„Saarländisch-Georgische Freundschaft – Jugend und Kultur"* mit dem Sitz in der Kreisstadt St. Wendel, der seit über fünf Jahren georgische Jugendliche ins Saarland einlädt (auf jeweils ein halbes Jahr). Die Deutsch-Georgische Gesellschaft bemüht sich derzeit, auch georgischen Studenten hier Praktika zu verschaffen, damit sie besonders in Betrieben Produktion und Wirtschaft hautnah erleben und sich dann wirksamer auf das Berufsleben vorbereiten können. An dieser Stelle sei erwähnt, dass die Deutschen auch Spuren in Tbilissi hinterlassen. An der Technischen Universität in Tbilissi gibt es eine Fakultät für Wirtschaft und Recht, an der Deutsch Lehrsprache ist und für deren Studenten die erwähnten Praktika in Deutschland besonders nützlich wären. Ferner existiert in Tbilissi eine Freie Waldorfschule mit etwa 300 Schülern, deren Gründung von hier aus initiiert worden ist. Schließlich hat sich der frühere Saarbrücker Theologe Prof. Dr. Hummel nach seiner Emeritierung 1998 ganz in Georgien niedergelassen, wo er nicht nur als Bischof der Evangelisch-Lutherischen Chen Kirche in Georgien gewirkt, sondern bis zu seinem beklagenswert frühen Tod im Winter 2004 sich auch zahlreicher sozialer Anliegen angenommen hatte.

Fazit

Die Städtepartnerschaft Saarbrücken/Tbilissi hat manchen Sturm erdulden müssen. Sie ist trotz politischer Erdbeben und finanzieller Nöte nicht zum Erliegen gekommen. Anlässlich einer Podiumsdiskussion am 2. Juni 2004 in Saarbrücken haben Vertreter der Stadt Tbilissi, der Stadt Saarbrücken, der Regierung des Saarlandes, des Staatstheaters und verschiedener saarländischer Hochschulen zum Ausdruck gebracht, dass man an der Partnerschaft festhalten will. Dass der Austausch im Laufe der letzten Jahre etwas utilitaristische Züge angenommen hat und auf andere Geleise geraten ist, kann nicht Anlass dafür sein, die Partnerschaft darben oder sie auslaufen zu lassen. Man muss sich jedenfalls auf deutscher Seite darüber im Klaren sein, dass die Umgestaltung oder Neuordnung bestimmter staatlicher und kommunaler Verhältnisse auf georgischer Seite, wie oben beschrieben, sicher für einen zahlenmäßig größeren Bevölkerungsanteil im praktischen Leben spürbar wird als die Summe von einzelnen Maßnahmen im Bereich von Kultur und Tourismus. Angesichts der Tatsache, dass es Tbilissi zwar nicht kultureller Güter ermangelt, dass die Stadt aber durch ihre Geschichte von einigen wirtschaftlichen, sozialen und administrativen Entwicklungen abgeschnitten worden ist, wird deren angestrebte Umgestaltung von der Bevölkerung sicher auf breiter Basis als wohltuend empfunden werden.

Erinnerungen an Hermann Wedekind

Heinz Mudrich

Die erste Frage lag nahe, als ich ihn damals für die Saarbrücker Zeitung in Basel besuchte, den soeben gewählten neuen Intendanten des Stadttheaters Saarbrücken. Und die Antwort: Nein, nicht verwandt mit dem berühmten Frank Wedekind, dem *„Lulu"*-Dichter, Satiriker und Sänger, dem Schrecken der guten deutschen Bürger um die Jahrhundertwende. Aber gesungen habe er ebenfalls, nur ohne Gitarre – meistens Oper.

Im übrigen war er in Berlin Assistent des berühmten Regisseurs Heinz Hilpert. Und nach Kriegsende ging es bei ihm auf vielen Umwegen in Richtung Theater-Chefsessel, über Bonn und Münster schließlich in die Schweiz, wo er zum ersten Mal mit der Sänger-Auswahl seiner Lust zum Internationalen entsprach.

Damals, das war im Dezember 1959. Und inzwischen sind mit Leben und Tun dieses zum Generalintendanten und mit Dank der Landesregierung zum Professor gewordenen Hermann Wedekind ganze Archive gefüllt. Warum also nochmal über ihn schreiben?

Gut, es war der Wunsch der Herausgeber, auch noch Erinnerungen eines Kritikers zu drucken. Ausgerechnet eines jener Leute also, an denen der Intendant Wedekind nicht immer die reine Freude hatte.

Von ganz früher, von seinen Anfängen, besaß der Tenor Wedekind Lobkritiken aus Danzig, aus dieser Stadt, die gerade noch für kurze Zeit deutsch war.

Hermann Wedekind
als junger Sänger in Dresden

Und er konnte das Estaunliche belegen: Dass er auch Partien für Bariton und sogar Bass gesungen hat, den *„Sarastro"* beispielsweise. Dass er mithin ein Stimmen-Phänomen war, und dass er das alles nicht mal richtig gelernt hat. Ja, und kaum glaublich, dass ihm trotz des nahen Kriegsendes die offenbar vom vielen *„Heil!"* verwirrten NS-Kultur-Gewaltigen noch einen Vertrag für die Dresdner Staatsoper gaben. Mit der Folge, dass der junge Sänger an der Elbe den Feuersturm im Bombenangriff zu überstehen hatte, ehe er sich nach '45 in Bonn auch die Gründung einer Schauspielschule zutraute,

Aber alles das war ja schon lange Vergangenheit, als er nach Saarbrücken kam. In Basel hatte er zuvor die Fähigkeit bewiesen, Talente zu entdecken. So holte er in sein Opern-Ensemble Grace Bumbry und andere, die später Karrieren machten, Und mit Siegfried Köhler, dem neuen Generalmusik-direktor wurde er an der Saar alsbald eine Combo der tönenden Über-raschungen. Sie sanken sich in die weit geöffneten Arme, in denen später ein ganzes Land Platz fand – Georgien.

Aber dann gab es auch schon mal Ärger mit der Presse. Der Schau-spiel-Intendant Wedekind musste gelegentlich lesen, dass er vom modernen Theater nicht viel wisse. Beziehungsweise, so kann man es wohl deuten,ihn beherrschte die katholische Prägung aus sein-er Jugend. So wollte er zu gern den gläubigen Prosa-Autor Gabriel Marcel für die Bühne entdecken, und andererseits: Als wir nach dem überall gespielten, geradezu sensationellen *„Stellvertreter"* von Rolf Hochhuth fragten, dem Stück über die Rolle des Papstes in der Hitlerzeit, da war er dagegen. Und ließ nur später eine ein-same Nachtvorstellung als Gastspiel zu.

Wir hatten da schon unsere Probleme miteinander, der liebenswerte Hermann und wir im SZ-Feuilleton, die wir natürlich dafür sorgen woll-ten, dass die interessierten Saarländer über Theaterneuigkeiten so gut im Bilde waren wie das Publikum in anderen Großstädten. Gelegentlich gab es ja auch auf der einstigen Kammerbühne hoch unter dem Dach Inszenierungen, die sehr zu loben waren, gespielt von jungen Ensemble-Mitgliedern, darunter die inzwischen fernsehbekannte Thekla Carola Wied.

Doch sie blieben die Ausnahme. Das dafür benötigte Geld, so bemängelten wir, ging meistens in die Oper.

Unter der Überschrift *„Vorstellung und Missklang im Stadttheater-Foyer"* haben wir das einmal beleuchtet, aber das war ganz am Anfang seiner Intendantenzeit. Als sein Ziel nannte er da, *„die Verlebendigung des Theaters im Gesamten."* Es gelte, im Bewusstsein, *„dass wir alle Kinder eines Vaters, einer Mutter sind"*, die menschliche Sehnsucht zu offenbaren, *„miteinander in brüderlich-menschlicher Zuneigung zu spielen."*

Gegen Kritik eines Anzeigenblattes nahm er da seine Mitarbeiter in Schutz, wobei er auch auf den großen Erfolg seiner ersten Inszenierung in Saarbrücken hinwies, die Offenbach-Oper *„Hoffmanns Erzählungen"*. Die Presse ermahnte er, *„immer die Wahrheit"* zu schreiben, was uns natürlich zu dem Hinweis führte, dass über der Frage, was denn Wahrheit sei, schon viele erlauchte Köpfe geraucht hätten.

So ging es also munter los mit Hermann Wedekind. Aber er hat sich dann auf dieser Pressekonferenz nicht nur auf die Menschheit sondern auch auf die Oper konzentriert. Hinübergewechselt ins Sprechfach ist er viel später auch einmal mit Brecht. Das heißt, in der *„Heiligen Johanna der Schlachthöfe"* spielte er unter der Regie seines Nachfolgers Günther Penzoldt den Fabrikanten Mauler, und dazu war dann in der SZ zu lesen, was typisch für seine Bühnensprache war: *„Wenn er seine Stimme erhebt, gerät er nahezu in Singsang und damit in eine Dramatik, die Brechtens Sache wohl nicht ist. Mauler, ein komödiantischer Egoist. Interessant".*

Ansonsten sind vor der endgültigen Kulisse die Züge des Schauspielers Wedekind flüchtig. Doch, er war des öfteren gern schwarz – als *„Othello"* und als stummer *„Blossom"* in einem Stück von Patrick, in dem er immer nur *„Blossom!"* zu stöhnen hatte. Und er spielte auch den König Philipp in Schillers *„Don Carlos"*. Rollenbilder, aus denen sicher auch Hermann Wedekinds Stolz sprach, selbst mal Akteur zu sein... Doch hier soll nur eben dieser Vielseitigkeit applaudiert werden, und seiner Anziehungskraft weit über die Saar-Grenzen.

Nochmal Auftritt haben soll der Zauberkönig Hermann Wedekind. Denn das war er ja im Grunde. Ein Theatermensch durch und durch, der etwas zustande brachte, was wir damals nicht für möglich gehalten hatten. Er flog nach Moskau und überzeugte die Kultur-Oberen der Sowjetunion, dass er mit Spiel und Musik etwas für den Weltfrieden tun wolle. Seine immer wieder zitierte und gelegentlich auch schon gefürchtete Dauerrede hieß: *„Kunst kennt keine Grenzen."*

Was dabei herauskam, waren Gastspiele in Saarbrücken und in Tbilissi, war die Pflicht zu Tischreden und zum Wodkatrinken, und schließlich gab es auch georgische Reden an Wedekinds Grab in Wadern, seinem letzten Wohnsitz.

Intendant war er schon lange nicht mehr, aber das Theater konnte er nicht lassen. So kamen auch die Bürger von Kirf-Beuren noch zu einem Kulturbetrieb in mehreren Sprachen. Und die Höhlenfestspiele im westfälischen Balve hatten für kurze Zeit ihren Wedekind wieder, und mit ihm *„Europäische Kulturtage"*, in denen er als Hauptwerk ein barockes Mysterienspiel aufrauschen ließ, *„Catharina von Georgien"*, ein Titel also, wie für ihn erfunden. Und den Berichten nach wirklich ein Ereignis mit Chor.

Und Wedekind als Schauspiel-Regisseur, wie es von einer Probe Brigitte Dryander berichtet hat: Typisch und köstlich, diese Anweisung an die Bauern in der *„Bernauerin"*: *„Ihr müsst mit jedem Schritt eure ganze Scholle hinter euch herziehen!"*

Was bleibt außer solchen Erinnerungen? Natürlich, da ist der Platz vor dem Staatstheater. Ein schwieriger Name für Auswärtige – *„Tbilisser Platz"*. So, wie wir eben damals von den Kulturgästen die georgische Bezeichnung ihrer Landeshauptstadt gelernt hatten. Aber die weitere Welt sprach dann doch in den Nachrichten weiter meistens vom historischen *„Tiflis"*.

Ja, und noch Hermann Wedekind in unserer kleinen Nähe...

Da gab es dann auch eine Bekümmerung. Im Alter noch hatte er seine Frau verlassen, die als Schauspielerin Grete Schaun bekannt war, und lebte nun mit einer anderen. Und da wären auch unsere Kinder zu zitieren.

Hermann Wedekind in Wedern, Photo: privat

Für sie hatte plötzlich Weihnachten an Glanz verloren. Denn immer war er doch kurz vor Heiligabend gekommen, dieser spaßige Mann, mit einer guten Flasche, um auf das Verstehen zu trinken, auf die Gemeinsamkeiten und sicher wohl auch auf den Weltfrieden. Jedenfalls, es waren heitere Stunden damals, ganz privat.

Und nun war auch über ihnen der Vorhang gefallen.

Kunst kennt keine Grenzen
Hermann Wedekinds Utopie vom Weltfrieden
durch das Theater

Hans Bünte

Es begann mit einem Albtraum: Da dirigiert man als Anwärter für den GMD-Posten am fremden Opernhaus Saarbrücken den *„Don Giovanni",* hinter sich eine ganze Findungskommission, vor sich ein unbekanntes Orchester. Auf der Bühne steht die Rachearie der Donna Elvira an – *„Ha, treff ich Dich noch hier, schädlicher Frevler!"* – doch weit und breit keine Donna Elvira! Was tut Kandidat Köhler? Abbrechen? Mitnichten. Er erspäht dafür die Donna Anna und ruft den Musikern zu: *„Die Arie!!"* Rasches Blättern, Einsatz, statt der Elvira singt die Anna – und die Oper geht weiter, als wäre nichts geschehen. Hinterher Glückwünsche und die Versicherung: *„Sie sind unser Mann!"*
Dieser Mann war Siegfried Köhler, 1923 in Freiburg/Br. geboren. Von 1964 an wirkte er für ein Jahrzehnt als Generalmusikdirektor in Saarbrücken. Er war Nachfolger von Philipp Wüst, der schon seit 1922 im alten Theater an der Stengelstraße als Kapellmeister gearbeitet hatte, 1946 als *„Mann der ersten Stunde"* Generalmusikdirektor des weitgehend zerstörten Opernhauses wurde und dessen musikalischen Wiederaufbau bis 1964 leitete. Mit seinem Intendanten Hermann Wedekind war Köhler nicht nur durch das gleiche Theaterblut, sondern auch durch eine fruchtbare Mischung von Freundschaft und Widerspruch verbunden.
Mehr als drei Jahrzehnte trennten den neuen GMD von seinem Vorgänger. Was sich bereits in der Empfehlung Wüsts an Köhler ausdrückte, sich nicht, wie geplant, mit *„Nabucco"* in Saarbrücken vorzustellen – *„fangen Sie lieber mit ‚etwas Anständigem' an."* Einem großen Wagner oder Strauss! Köhler aber blieb bei *„Nabucco".* Was passierte? *„Nabucco",* inszeniert von Wedekind, wurde ein großer Erfolg und lief mehrere Spielzeiten. Auch die weitere Spielplangestaltung des neuen GMD mit seinem Intendanten verlief ohne Probleme. Wedekind hatte, so Köhler, *„durch seine dynamische Führung eine anerkannte Bühne mit viel beachtetem künstlerischem Niveau geschaffen."* Was Köhler ebenfalls imponierte, war der schlanke Verwaltungsapparat, auch wenn er mehr Arbeit für den Einzelnen bedeutete.

„Heute hat ein GMD vier Mitarbeiter", sinniert Köhler, *„ich hab gar keinen gehabt! Nur eine Dramaturgin, die Frau Oertel. Aber alles hat hervorragend geklappt. Wenn ein Sänger mal Urlaub brauchte, dann ging das ganz unbürokratisch. Nicht wie heute. Zum Beispiel hatten wir so ganz schwere eiserne Notenpulte, und die musste der Orchesterwart transportieren. Für moderne leichte Pulte war eigentlich kein Geld da. Da haben wir eine Lösung gefunden: Als die neuen Stadträte durchs Theater geführt wurden, haben wir so ein Pult hinstellen lassen und zu dem Slotta – der war Professor an der Pädagogischen Hochschule Saarbrücken und später für Saarbrückens SPD im Bundestag – gesagt: ‚Heben Sie das Ding mal an!' ‚Donnerwetter, ist das schwer!' ‚Sehen Sie? Das muss der Orchesterwart jeden Tag raufschleppen auf die Probebühne und wieder runter in den Orchestergraben.' Am Ende der nächsten Sitzung – alle waren schon müde – erwähnt Köhler auf einen Wink von Slotta dieses Thema, und schon springt dieser auf: ‚Ach, das hätten wir ja fast vergessen – neue Notenpulte. Ist jemand dagegen? Nein? Also beschlossen.'"*

„Ich war nie ein Mann des Diskutierens, des Argumentierens", hat Wedekind geschrieben, *„ich wollte immer handeln …".* *„Klar"*, sagt Köhler: *„Klar: Der Hermann war ein 150prozentiger, ein lieber Verrückter, ein ehrlicher Phantast. Ab und zu musste man ihn wieder auf den Boden der Tatsachen bringen, aber das gelang mir, und so funktionierte unsere Zusammenarbeit hervorragend. Natürlich ist er oft über das Ziel hinausgeschossen. Im Stadtrat hat er plötzlich gerufen: ‚Der Köhler, dieser lupus in fabula, der stupft mich andauernd – hab ich wieder was Blödes gesagt?' Alles hat gelacht, und die Sache war erledigt."* Manchmal sprühten auch die Funken. Beim *„Don Giovanni"* hab ich mal raufgerufen: *„Das sieht ja aus wie bei Wiener Blut …".* Da wurde der Hermann wütend: *„Mach Du mal…D e i n Ding …".* Hinterher hat er weiter geschimpft: *„Du mit Deinen Notenköpfen, Deinen Totenköpfen."* Zuhause habe ich dann doch zu meiner Frau gesagt: *„Ich muss den mal anrufen, ich glaube, ich habe mich da nicht richtig benommen".* Rufe ich also an. Und was höre ich? *„Du Arschloch, Du bist mir zuvorgekommen! Ich wollte Dich auch gerade anrufen!"* *„Ist das nicht toll? In Köln hatte ich doch noch erlebt, wie GMD und Intendant sich mit Einschreibebriefen bombardierten. So kann man doch nicht arbeiten!"*

Manchmal waren es auch nur Frotzeleien. Etwa die Stelle im 2. Akt vom
Siegfried, wo Mime singt: *„Siegfried und Fafner, oh brächten beide sich um!"*
Da stiftete Köhler den Darsteller des Mime, Helmut Pampuch, an, er solle
singen: *„Hermann und Siegfried, oh brächten beide sich um!"* Ernsthafter war
eine Intrige. Eine Gruppe wollte Wedekind absetzen und Köhler zum Nachfolger machen, zum Operndirektor. Köhler lehnte ab, was Wedekind ihm
natürlich hoch anrechnete.

„Einem Wutanfall nahe" war Wedekind nur, als Köhler bei der Arbeit am
„Ring der Nibelungen" gezwungen war, einen Teil der Riesenbesetzung auf der
Vorderbühne unterzubringen, also sichtbar für das Publikum. *„Ein Skandal",*
schimpfte der Intendant – und gab dann doch klein bei.

Drohten Projekte an den Kosten zu scheitern, dann sprangen Sponsoren
ein, die Köhler dankbar erwähnt: Hubert Dohmen, Werner Klumpp, Helmer
Winzer und Kurt Wendel.

Hermann Wedekind mit Siegfried Köhler und Dramaturgin Barbara Oertel,
Photo: privat

Wie erlebte Köhler den Regisseur Wedekind? „*Er arbeitete locker, fast impro-visierend. Er war genau das Gegenteil der Regisseure von heute. Kam rein: ,Nu macht mal.' Die Spieler wurden nicht festgenagelt, sondern waren frei. Einmal in einer Probe ist Ingrid Flemming versehentlich hinten über die Bühne ge-gangen; da hat er geschrieen: ,Das ist ja fantastisch, das müssen wir unbedingt einbauen!' Fortan musste die bei jeder Vorstellung über die Bühne gehen.*" Und die von manchen Augenzeugen geschilderte Unordnung in Wedekinds Wohnung, in der die Papiere kniehoch lagen, dazwischen Kopien wichtiger Briefe (aber nicht die Originale), sein Bundesverdienstkreuz, Unterlagen und Notizen, alles durcheinander? Darauf geht Köhler nicht ein. „*Ja, das gab's. Aber der fand auch alles wieder!*" Wedekinds Sohn Michael hat auch dies im vorliegenden Buch wunderbar geschildert. Der Vater selbst spricht in seinen Erinnerungen mit entwaffnender Offenheit vom „*Chaos*" in seiner deutsch-georgischen Sammlung: Es gebe Leute, die das archivieren, kata-logisieren, systematisieren wollten — „*ob ich mich an diese Ordnung gewöhne? Ich glaube kaum. Ich schmeiße alles wieder zusammen – denn: ,Chaos ist mein Leben!'*" „*Er wusste nicht, wo er umsteigen sollte*", erinnert der Sohn, „*wusste nicht, wo sein Koffer war, ob er drei Tage bleiben wird oder drei Wochen, mit oder ohne Geld.*" Wie hat er das überlebt? „*Die Natur schenkte ihm ein großes Selbstvertrauen. Etwa so: ,Danke, lieber Gott, dass Du mich so gemacht hast, wie ich bin – ich bin stolz auf mich.'*"

„Kunst kennt keine Grenzen"

Auf der anderen Seite stand seine leidenschaftliche Sehnsucht nach Frieden. Er hatte in Dresden die furchtbare Bombennacht überlebt, und eine Begegnung mit einem sowjetischen Soldaten war in den Beschluss gemündet: „*Ich werde etwas tun gegen die größte Absurdität, den Krieg! Solange ich lebe!*" Und: „*Als der letzte Krieg beendet war, gelobten wir, niemals wieder eine Waffe in die Hand zu nehmen, niemals wieder den Menschenbruder mit Waffen zu bekämpfen, und zwar aus eigener Erfahrung und aus christlicher Überzeugung: Liebe Deine Feinde, tue Gutes denen, die Dich hassen!*"

Eine Sehnsucht, die nicht frei von Naivität war. Als er 1973 gemeinsam mit dem georgischen Ministerpräsidenten Gamsachurdia die Zauberflöte hörte, wiederholte er ernsthaft Sarastros Text: *„In diesen heiligen Hallen kennt man die Rache nicht / Und ist der Mensch gefallen, führt Liebe ihn zur Pflicht / Da wandelt er an Freundeshand / vergnügt und froh ins bessere Land ...“*

Der Theatermann Wedekind setzte diese Träume in Realität um. *„Kunst kennt keine Grenzen“*, war sein Credo, und so brachte er es fertig, mitten im Kalten Krieg, als Willy Brandts Ostpolitik noch fern war, die bisher unüberwindlichste Grenze, den Eisernen Vorhang, immer wieder zu durchbrechen. Wie hat er das geschafft? Sohn Michael: *„Er hat einfach ‚gemacht‘. Er ist hingefahren. Hat gesagt: ‚Ich hab hier in Danzig gesungen, und jetzt bin ich Intendant im Saarland‘. Er hat Pforten geöffnet, die über diplomatische Beziehungen nicht zu öffnen waren. Das dauert viel zu lange. In Moskau setzte er sich vor die Tür, bis ein Botschafter ihn einließ. Und dann erzählte er was, und da war er nicht schlecht.“*

„1967 haben wir beide Verdis ‚Otello‘ in Danzig gemacht“, erinnert sich Köhler, *„das war eine Sensation! Dort herrschte noch Parteichef Gomulka, und man durfte nicht deutsch reden. Die Premiere war Ende Dezember. Ich hab extra ein paar Worte Polnisch gelernt, und wie ich zum Theater-Pförtner gesagt hab: ‚Dzien dobry!‘, hat der ganz freundlich auf deutsch geantwortet. Überhaupt war alles auf Völkerverständigung gestimmt. Wir wohnten privat, und dann haben die uns raus zur Westerplatte geführt und gesagt: ‚Hier hat der Zweite Weltkrieg begonnen‘. Der Wedekind hat einen Weihnachtsbaum besorgt und Nüsse und all das, was es ‚eigentlich‘ nicht gab – wir hatten ja Geld! – und hat das verteilt. Dann haben wir ‚Stille Nacht, heilige Nacht‘ gesungen, wir auf deutsch und die auf polnisch. Viele Leute haben geweint. Hinterher gab es wie üblich eine Diskussion, da war Wedekind nicht mehr zu bremsen. Hat gerufen: ‚Ich wünsche den Polen, dass sie nie so einen Ministerpräsidenten kriegen wie Othello!‘, Ich hab die Dolmetscherin gefragt, ob sie das alles wörtlich übersetzt? Und als die ‚ja‘ gesagt hat, hab ich gemeint, morgen sind wir alle in Sibirien. Aber die haben nichts übel genommen.“*

Nicht einmal, als... aber das hat Dr. Mudrich damals viel besser in der Saarbrücker Zeitung erzählt: *„Hatte man ihm (Wedekind) nicht wohlmeinend* *geraten, doch tunlichst zu verschweigen, dass er im Kriege als Tenor an der Danziger Oper engagiert war? Wedekind, wie stets auf Herz vertrauend, erzählte es doch. Und sogar der Presse ...".* Ergebnis: Eine polnische Zeitung überschrieb ihr Wedekind-Interview mit seinem Zitat: *„Kunst kennt keine Grenzen."* Und Wedekind konnte frohlocken, dass er, *„dem Schicksal vertrauend, spontan handelte, das Richtige tat."*

„Dann der Lohengrin in Teheran", so Köhler weiter. *„Da hat der Hermann großen Eindruck mit toller Lichtregie gemacht, die Bühne eingedunkelt, so ein bisschen Wieland Wagner, und ein einzelner Scheinwerfer verfolgte von ganz oben den Schwan, als ob der sich einen Platz auf der Bühne sucht ... Aber die wirkliche Sensation war 1973 der ‚Lohengrin' in Tbilissi, Saarbrückens Partnerstadt. Über den Straßen hingen Transparente in deutsch: ‚Wir grüßen die Saarbrücker!' Dafür kam der Außenminister Schewardnadse extra aus Moskau, und auch aus dem Saarland reiste die Politprominenz an: Röder, Scherer und Lafontaine."* Hermann Wedekind, wie immer harmonietrunken, meinte, auch zwischen diesen politischen Kontrahenten große Harmonie zu spüren. Und als beim anschließenden Empfang eine Kapelle auftrat und Hintergrundmusik machen wollte, verlangte er Ruhe im Saal: *„Man solle nicht reden, nicht servieren, nur zuhören! Für ihn gab es keine ‚Hintergrundmusik'".* Köhler hatte seine eigenen Erinnerungen an diese Tage: Bei der Premierenfeier war ihm irgendetwas nicht bekommen; er bekam Bauchweh und Durchfall. Zum Glück päppelte ihn eine einheimische Ärztin wieder auf, so dass er die zweite Aufführung dirigieren konnte (mit Spritzen zwischendurch). Hinterher umarmte ihn Wedekind: *„Siegfried, so gut wie heute warst Du noch nie!" „Ich hau Dir gleich eine runter!"* hab ich gesagt – *„mir hat doch alles weh getan!"* Aber so war der Hermann."

Der georgische Kultusminister Otar Taktakischwili, ein anerkannter Komponist, hatte eine Oper geschrieben, deren deutsche Erstaufführung in Saarbrücken stattfand. *„Als bei den Vorgesprächen in Tbilissi die Frage aufkam, erst den GMD zu fragen, rief Wedekind: ‚Das ist nicht nötig – wir haben den Köhler, der sagt ‚ja', das weiß ich'*, so erinnert sich Köhler. *Bekam ich also ein Telegramm: ‚Pass auf, wir sind nächstes Jahr am soundsovielten in Tbilissi!'"*

Im Gegenzug widmete das Saarbrücker Theater Jahr für Jahr je eine Woche einem anderen Ostblockland: Polen, Russland, Tschechoslowakei, Bulgarien, Rumänien, Georgien, aber auch der Schweiz. In anderen Jahren gab es *„Festliche Operntage"* mit prominenten Gastsängern. Aber auch in der Alltagsarbeit war an guten Stimmen kein Mangel. *„Was hatten wir für Leute als Anfänger!"* schwärmt Köhler noch heute. *„Die Catarina Ligendza, Siegmund Nimsgern, Trudeliede Schmidt, Helmut Pampuch – die konnte man später gar nicht mehr bezahlen! Und was die für eine Kondition hatten! Der Gerhard Nathge zum Beispiel, der hat am Sonntag den Lohengrin gesungen, dienstags den Siegmund, am Donnerstag den Siegfried und am Samstag den Götterdämmerungs-Siegfried. ‚Wenn's Ihnen zu viel ist, hab ich gesagt, dann holen wir einen Gast'. Da hat er ganz steif geantwortet: ‚Wollen Sie mich beleidigen?' Das muss man sich mal vorstellen! So konnten wir 1970 sogar eine Verdi-Woche in Saarbrücken realisieren: jeden Abend eine andere Oper, auch unbekannte, dazu das Requiem und sogar Kammermusik. Mit fabelhaften Gästen: Nancy Tatum, Josef Greindl, Wolfgang Windgassen. Das hatte noch keine Bühne geschafft!"*

Neben diesen bekannten Werken standen wenig gespielte wie *„Die Jungfrau von Orleans"* von Tschaikowsky und *„Hamlet"* von Ambroise Thomas, aber auch eine beachtliche Zahl von zeitgenössischen Opern und Schauspielen. *„Lulu und Wozzeck"* von Alban Berg, als *„Abonnentenschreck"* gefürchtet, mussten dem überwiegend konservativen Teil des Publikums erst einmal schmackhaft gemacht werden, brachten jedoch, wie Köhler es vorsichtig formuliert: *„Recht gute Einspielergebnisse".* Echte Uraufführungen waren *„Moll Flanders"* von Heinz Pauels und *„Medea"* (nach Anouilh) von Andor Kovach. 1967 inszenierte Wedekind das erste Musical, *„Sabine, sei sittsam"* oder: *„Die deutschen Kleinstädter"* von Kurt Neufert und Frank Kolar, das mit lokalen Anspielungen gespickt war.

Nur Eingeweihte wussten, dass sich hinter *„Kolar"* ihr GMD Köhler verbarg. Weitere Möglichkeiten boten sich, als man die Kammerbühne, aus einem ehemaligen Chorsaal entstanden, auch für Kammeropern nutzte. So lernte das saarländische Publikum nun Werke wie *„Hin und zurück"* von Hindemith, *„Die Geschichte vom Soldaten"* von Strawinsky, *„Der Zaubertrank"* von Martin und Milhauds *„Opéra minutes"* kennen. Ähnliches vollzog sich im Schauspiel. Auch wenn Wedekind nicht gerade ein Avantgardist war, so stellte er doch schon 1969 in einer *„Woche des modernen Theaters"* Gastensembles vor, die Ballette und Stücke von Max Frisch bis Peter Handke und von Günter Grass bis Fernando Arrabal mitbrachten.

Dem damit gewachsenen Prestige stand die bittere Erkenntnis gegenüber, dass die Stadt Saarbrücken die Kosten für ihr Stadttheater nicht länger allein tragen konnte. 1971 wurde die drohende Schließung durch die Gründung eines Zweckverbandes verhindert, zu gleichen Teilen von Stadt und Land getragen. Damit war das *„Saarländische Staastheater"* entstanden, das gleichwertig neben dem Saarländischen Rundfunk, den Museen und den Hochschulen zu den kulturellen Visitenkarten des Landes zählt.

„Seine gewittrige Kraft"

Schon in Basel hatte Wedekind seine Idee von der *„Bühne als Podium der emotionalen und sinnlichen Völkerbewegung"* zu verwirklichen begonnen. Bald setzte sich das dortige Ensemble aus einem Dutzend Nationalitäten zusammen. Wobei Wedekind sein Gespür für junge Hochbegabungen bewies: Ingeborg Hallstein, Montserrat Caballé sowie — Wedekinds besonderer Stolz — die erste Farbige an einem deutschsprachigen Theater: Grace Bumbry. Warum gab Wedekind dennoch Basel auf, das ihm einen unbefristeten Vertrag bot? Warum wechselte er ins vergleichsweise glanzlose Saarbrücken? *„Es redeten mir zu viele mit"*, hat er in seinen Lebenserinnerungen geantwortet, *„Ausschüsse, Gremien... Ich war nie ein Mann des Diskutierens, des Argumentierens."*

Stattdessen: *„Dieses einfach Tun, ohne nach links und rechts zu schauen"*, wie sein Sohn es definiert. *„Der Optimismus war angeboren. ‚Wenn ich einen Schritt tue, wird er schon in die richtige Richtung sein.' Dabei wusste er oft gar nicht, wohin er geht. Er konnte nur MACHEN. Und sobald er Publikum hatte, bekam seine Batterie Spannung. Er konnte nicht vorbereiten und nicht denken. ‚Des Gedankens Blässe' hätte ihn krank gemacht. Er konnte sich nicht einordnen, nicht ordnen. Dann hätte er selber den Mut nicht mehr gehabt. Wenn er durchdacht hätte, was auf ihn zukommt, wäre er impotent geworden."*

Britta Mathieu und Hermann Wedekind in Wedern, Photo: privat

Behielt er diesen Idealismus bis ans Lebensende bei? *„Es gab immer Rückschläge – aber er hat zweimal Luft geholt und weitergemacht."*

Nach einigem Nachdenken ergänzt der Sohn: *„In ihm tobten die Gegensätze und gaben ihm seine gewittrige Kraft."* Und Brigitta Matthieu, einst eine Walküre im Saarbrücker Ring, später Assistentin des Intendanten, fügt einen banalen, aber griffigen Vergleich hinzu, der von Wedekind selber stammte: *„wie ein Traktor."*

„Gott führt mich"

Andreas Gryphius' christliches Mysterienspiel *„Die heilige Catharina von Georgien"* oder *„Bewährte Beständigkeit"*, 1657 entstanden, schildern, wie der Schah von Persien nach der Eroberung Georgiens dessen Königin bedrängt, ihn zu heiraten und zu seinem Glauben überzutreten. Als sie sich beharrlich weigert, hält er sie gefangen und foltert sie zu Tode. *„Als er sich als Sühne für seine Tat in das eigene Schwert stürzen will"*, so fasst Wedekind den weiteren Verlauf zusammen, *„erscheint die Catharina, nimmt ihm das Schwert aus der Hand. In diesem Moment erfährt er die erlösende Kraft der Feindesliebe."*

Die Figur der Catharina, so Wedekind, *„bedeutet mir persönlich sehr viel, sie entspricht meinen eigenen Glaubensüberzeugungen. Auch für mich ist Christus ein Gott ohne Schwert, der ohne Waffen Frieden schafft."* Er inszenierte das Stück in Georgien und später in den von ihm geleiteten Balver Höhlenfestspielen. Gastspiele mit dieser Fassung in Deutschland erhielten nicht immer den erhofften Beifall. Die Ruhrnachrichten urteilten vernichtend, wiesen darauf hin, dass Wedekinds Bearbeitung nur noch wenige

Original-passagen in Gryphius' Sprache übriggelassen habe, der Rest sei in *„süßlich-legendenhaftem Pathos"* untergegangen. *„Christlicher Impetus als Heilung dieser Welt? Kann dieser Absolutheitsanspruch überhaupt noch aufrecht erhalten werden?"* fragt das Blatt abschließend.

Für Wedekind keine Frage: *„Viele ‚christliche' Politiker glauben nicht an die alles überwindende Kraft der Liebe (...) sie glauben nur an die Macht der Gewalt und des Schwertes. Hier trennen sich unsere Wege."* So war es nur konsequent, dass er während des georgischen Bürgerkrieges allen Ernstes *„unter Einsatz meines Lebens"* die Kämpfenden trennen wollte. Ihn beseelte die Vision, wie die hl. Catharina *„den weißen Schal der Versöhnung zwischen die Kämpfenden wirft"* und *„den Kriegern die Augen aufgehen: Der Bruder erkennt seinen Bruder."* Unsterblichkeit? *„Ja, ich lebe nur mit diesem Glauben. Wir sind auf der Erde, um uns auf das ewige Leben vorzubereiten. Nur dieser Glauben hat mich bewogen, mein Leben so zu leben, wie ich es getan habe."*

Hermann Wedekind bei der Arbeit an der Übersetzug von „Die heilige Catharina von Georgien" für die Balver Höhlen-Festspiele, Photo: privat

Sohn Michael, sonst immer bemüht, auch die Absonderlichkeiten des Vaters liebevoll zu verstehen, spricht hier unverblümt von *„katholischem Wahnsinn"*. *„Jeden Tag in die Maiandacht! Da konnte man mit ihm nicht reden. Er hat einen gezwungen, beichten zu gehen."* Das erstaunlichste Beispiel: Auf der Fahrt nach Basel, wo er sich als Kandidat für die Intendanz (und Konkurrent von Leuten wie Karl-Heinz Stroux und Wedekinds ehemaligem Lehrmeister Heinz Hilpert) vorstellen sollte, habe er, statt sein Konzept zu memorieren, nur den Rosenkranz gebetet. *„Gott führt mich"*, dessen war er gewiss. Insofern selbstverständlich, dass er Hochhuths Papststück *„Der Stellvertreter"*, das die Tatenlosigkeit Pius XII. gegenüber dem Nationalsozialismus anprangert, nie auf die Bühne brachte.

Und wenn der Sohn sich zum Beispiel geprügelt hat – predigte Vater Wedekind da Gewaltlosigkeit? *„Er war ja nie da, wenn man sich geprügelt hat."* Wenn ein Kind gejammert hat, rief er: *„Sing Dich gesund!"* Und: *„Warum lernst Du nicht, Dir den Ball immer selber vorzuspielen?! Glaubst Du, irgend jemand gibt Dir einen Pass vor, damit Du ein Tor schießen kannst? Ich mach mir meine Tore allein. Was soll ich mit fünf anderen Leuten – die nehmen mir nur den Ball weg!"*

Ein Ausspruch dieses widersprüchlichen Theatermannes haftet stärker als mancher andere, darum gehört er an den Schluss: *„Der spielende Mensch und der sich im Spiel erkennende Zuschauer – das ist Therapie und Unterhaltung zugleich."*

Ludmilla und Lohengrin
Annäherungen an Hermann Wedekind mit Brigitta Mathieu

Holger Schröder

Es ist ein frühsommerlicher Vormittag Ende Mai im Saarländischen Staatstheater in Saarbrücken. Die Kammersängerin Brigitta Mathieu hat sich mit Holger Schröder, dem Schauspieldramaturgen getroffen, um über den ehemaligen Generalintendanten Hermann Wedekind zu reden. Natürlich auch über den *„Menschen"*, der hinter dem Intendanten steht.

Der Intendant – das ist erst einmal der Chef im regulierten hierarchischen Theatersystem. Intendanten, in erster Linie die männlichen, sind häufig Patriarchen, Alphatiere. Hinter der strengen Fassade lässt sich der eigentliche Wesenskern bisweilen gut verstecken.

Der Dramaturg, seit 1996 am Saarbrücker Theater, fragt sich, ob Hermann Wedekind just in seinem Büro, Teil des ehemaligen Konferenzzimmers, Sitzungen abgehalten hat? Ob es auch schon unter Wedekind Leitungssitzungen gab? Oder diese sogenannten *„Jour fixe"*, regelmäßige Treffen mit den Vorständen und Abteilungsleitern, bei denen man so richtig das Alphatier nach außen kehren kann? Dazu kommt, dass die öffentliche Rolle, die ein Intendant spielen muss, dazu führt, dass man sich gerne um ihn schart, ohne ihm wirklich nahe zu kommen.

Wenn es jemanden gibt, der aus nächster Nähe über Hermann Wedekind Auskunft geben kann, dann Brigitta Mathieu. Viele Jahre war sie seine Assistentin. Zunächst hatte sie als Sängerin für alle Kunstgattungen in Saarbrücken debütiert – und zwar in dem Jahr, in dem Holger Schröder das Licht der Welt erblickte.

Danach kehrte die gebürtige Berlinerin für kurze Zeit in ihre Heimatstadt zurück, um Mitte der 60er Jahre endgültig ihre Zelte im Saarland aufzuschlagen.

Brigitta Mathieu, Photo: privat

Dass sie irgendwann den Wechsel ins Dasein einer Pensionärin vollzog, hat übrigens keiner richtig gemerkt. Noch heute trifft man sie auf einer der Probebühnen des SST, wenn sie ganz jungen und manchmal auch nicht mehr so ganz jungen Leuten einen Weg aufzeigt, ihre eigene Singstimme zu finden.

Wenn Brigitta, die von allen nur *„Britta"* gerufen wird, auftaucht, dann möchte man gern glauben, dass der gute Geist des Theaters eine Frau sein könnte, alterslos und wie aus der Zeit gefallen...

Holger Schröder
Frau Mathieu, Sie wollen am Anfang dieses Gespräches einige Aussagen Wedekinds vorstellen...

Brigitta Mathieu
Gorbatschow, der frühere Generalsekretär der KPdSU hat einmal gesagt: *„Wer zu spät kommt, den bestraft das Leben!"* Aber das Leben bestraft niemanden. Wir bestrafen uns immer alle nur selbst. Das ist eine Aussage von Professor Hermann Wedekind, der die Vision in die Welt gesetzt hat: *„Kunst kennt keine Grenzen! Kunst führt die Völker zusammen"*. Eine weitere Aussage von ihm lautete: *„Immer heiter – Gott hilft weiter!"* Er war kraftvoll für's Theater, er war – das kann man eigentlich gar nicht richtig schildern – für mich ein Genie. Und was er geliebt hat, waren Piano-Töne. Konserven lehnte er ab, auf der Bühne durfte nie etwas über Ton eingespielt werden – Professor Köhler, hatte oft die Idee, wir nehmen dieses oder jenes auf, zum Beispiel Bühnenmusik, und spielen Sie dann in die Inszenierung ein. Hermann Wedekind sagte dann: *„Nein, solange ich lebe, kommt das nicht in Frage."*

Holger Schröder
Professor Siegfried Köhler war der Generalmusikdirektor, der lange Jahre mit Wedekind in Saarbrücken gearbeitet hat.

Brigitta Mathieu
Ja, und das waren zwei Seelenbrüder! Sie haben Freud und Leid miteinander geteilt, keiner war je beleidigt. Wedekind war nicht immer einfach, aber auch Professor Köhler hatte es nicht leicht in diesem Team. Er hat zum Beispiel Mahler gemacht, da war ein Teil des Orchesters oben im ersten Rang mit Chor, und auf der Bühne war der Rest. Solche Dinge haben die beiden zusammen gemacht, immer schöpferisch, mit immer neuen Ideen, und immer lustig dabei!
Und ich musste immer auf die Uhr gucken. Wenn Köhler zwei Minuten zu spät war, hat Wedekind gesagt: *„Brigitta, geh bitte runter, du fängst jetzt an zu dirigieren, damit er weiß, dass es auch ohne ihn gehen muss!"*

Typisch Brigitta Mathieu. In Nullkommanichts wird die Vergangenheit zur Gegenwart, ohne Punkt und Komma! Schwierig, da einzuhaken…

Holger Schröder
Hermann Wedekind hat in jungen Jahren als Assistent und Schauspieler bei Heinz Hilpert in Berlin gearbeitet, der sich stets darum bemüht hat, das Theater gegen die ideologische Vereinnahmung durch die Nazis zu schützen. Hat ihn diese Zusammenarbeit beeindruckt oder geprägt? Hat er darüber erzählt?

Brigitta Mathieu
Sehr viel. Er war von Heinz Hilpert in Berlin besetzt in einer großen Rolle, welche das war weiß ich jetzt nicht mehr. Er hatte sie ein ganzes Jahr lang einstudiert.

Er sagte sich, so erzählte er mir:
„Ich will ihm das so vorführen, dass er merkt, wie intensiv ich mich damit beschäftigt habe." Und kommt also auf die Bühne und sagt als erstes: *„Mutter."* Da sagte der Hilpert: *„Nee, Hermann, das ist es nicht!" — „Aber Heinz, lass mich*

doch erst einmal weitersprechen, ich hab doch ein Jahr daran gearbeitet!" –
„Wenn der erste Ton nicht sitzt, stimmt das Ganze nicht!" – *„Aber ich will Dir
doch zeigen, dass ich ein Jahr lang daran gearbeitet habe, lass mich doch mal
weiter"* – *„Nein! Du sagst zuerst ‚Mutter'!"* – *„Heinz, ich glaub, jetzt bin ich…"* –
„Du sollst jetzt Mutter sagen!" – *„Jetzt kann ich da doch nicht einfach
Mutter…"* – Irgendwann hat sich Wedekind auf den Boden gelegt und
hat mit den Händen und Füßen gestrampelt und hat gerufen und geweint: *„Mutter!"* Da ging der Heinz Hilpert hin und hat gesagt: *„Siehst Du
Hermann, das ist es!"*.

So eine Situation hat es schon immer am Theater gegeben. Den Willen
des Schauspielers brechen, um ihn durchlässig zu machen, ihn zu
öffnen… einmal die Machtverhältnisse klären. Später hat Wedekind ein
durchaus ambivalentes Verhältnis zu Hilpert gehabt, ihn aber letztlich
wohl als Lehrmeister akzeptiert.

Holger Schröder
Ich finde es interessant, wie Hermann Wedekind von Hilpert gelernt hat.
So etwas prägt, und strahlt ab auf die eigene Vorbildfunktion als Lehr-
meister für andere Künstler…?

Brigitta Mathieu
Das ist vollkommen richtig.

Holger Schröder
Sie sind 1962 ans Saarländische Staatstheater gekommen; zunächst hat
Hermann Wedekind Sie als Sängerin für alle Kunstgattungen engagiert.
Wie kam es denn, dass Sie beide so schnell ein so vertrautes Verhältnis
zueinander aufgebaut haben?

Brigitta Mathieu
Das weiß ich gar nicht mehr genau, wie das passiert ist. Erst einmal ist
Wedekind nach Kaiserslautern gekommen. Ich habe dort den ersten
Zwerg im *„Schneewittchen"* gespielt und Claudia hat, glaube ich, den
Siebten gespielt.

Brigitta in Kaiserslautern – das wusste ich gar nicht. Während ich überlege, wann das gewesen ist und ob mit der erwähnten Claudia die Tochter von Hermann Wedekind gemeint ist, ist Brigitta Mathieu mitten drin im „*Schneewittchen*"!

Brigitta Mathieu:
Ich saß vor dem Soufflierkasten und hab da mit dem Hammer gehauen, habe ein Chanson gesungen und da sagte Wedekind der Claudia: „*Kannst du bitte dem ersten Zwerg sagen, er soll zu mir kommen, nach Saarbrücken und soll sich vorstellen, ich möchte gerne, dass er bei mir vorsingt!*"
Ich bin dann hierher gefahren und habe vorgesungen: Das Lied der Köchin aus „*Feuerwerk*": Ich koche gern, ich koche gut, – da fragt mich Hermann Wedekind unten aus dem Zuschauerraum: „*Kannst du das eigentlich ohne Kochlöffel singen? Du musst doch rühren, Mensch! Wenn du einen brauchst, ich bring dir einen rauf!*"
Und dann hat er mich engagiert.

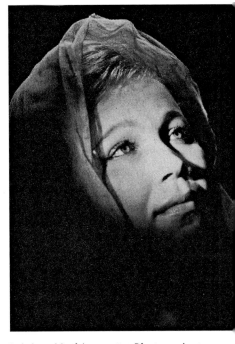

Brigitta Mathieu, 1962, Photo: privat

Entdeckt wurde Brigitta Mathieu zunächst für den RIAS Berlin von Hans (Hänschen) Rosenthal, sie spielte dort mit Johannes Heesters und mit Rudolf Schock, der ein guter Freund von Wedekind war. Als sie nach ihrem ersten Engagement wieder nach Saarbrücken zurückkehrte hatte sie eine indische Flugente im Gepäck, die sie Wedekind schenkte!

Brigitta Mathieu:
Ich hab ein Foto, wie sich Hermann Wedekind bedankt. Er hat die Ente

„*Lohengrin*" genannt – und er war entzückt und sagte: „*Sag mal, willst Du nicht wieder zu mir kommen? Ich hab zwar kein Geld, ich könnte Dir höchstens 600 Mark zahlen, aber ich bräuchte dringend eine Assistentin, die an meiner Seite steht und mir nicht dauernd in mein Geschäft rein pfuscht. Immer diese Drama – (bedeutungsschwangere Pause) – turgen!*" und ich sagte: „*Die sind ganz wichtig, die haben ein ungeheures Wissen!*" – „*Ja ja, natürlich, aber manchmal ist das Wissen auch störend!*" – „*Ja, gut, wenn Sie denken, dass ich das schaffe.*" – „*Du schaffst das!*"

Holger Schröder
Wie sind Sie denn auf die Idee gekommen, Hermann Wedekind eine indische Flugente mitzubringen?"

Brigitta Mathieu
Er hatte ein Schaf, das hieß Ludmilla. Mit Ludmilla ging er einkaufen. Das ganze Dorf hat sich darüber gewundert. Das Haus stand auf dem Land und er lebte dort mit Ludmilla und Michael, einem Esel. Und das war herzzerreißend, wie er mit den Tieren umging – und jetzt diese indische Flugente!

Holger Schröder:
Zu Wedekinds Tierliebe fällt mir die Geschichte ein, dass er beim Neujahrsempfang immer mit Adler und Schwein aufgetreten ist.

Brigitta Mathieu
Und dieses Schwein musste man jedes Silvester besorgen. Das war schwierig, meistens lag Schnee. Mit dem Schwein ging er auch auf die Kammerbühne (unsere heutige Probebühne III), überallhin ging er mit dem Schwein spazieren. Das Schwein war für ihn ein Heiligtum.
Zwischenzeitlich hat Brigitta Mathieu einen Stapel von Erinnerungsfotos ausgepackt. Plötzlich sind sie wieder präsent, die sechziger und siebziger Jahre, die Mode, die Frisuren, die Koteletten, rauschhafte Bilder, Claudia Wedekind mit ihrem Mann Hansjörg Felmy, unvergessen als „*Tatort*"-Kommissar Haferkamp, Vater Wedekind, und mittendrin natürlich Brigitta, damals wie heute mit einem strahlenden Lächeln!

Das Arbeitsverhältnis zwischen Brigitta und Wedekind muss wirklich innig gewesen sein. Sie erzählt davon, dass er anlässlich einer Gastinszenierung in Wiesbaden – dorthin war Siegfried Köhler inzwischen gewechselt – mit den vier Assistenten vor Ort nicht einverstanden war. So assistierte Brigitta ihrem Chef auch in Wiesbaden – selbstverständlich hatte er für sie eine tolle Gage rausgehauen.

Holger Schröder
Ist Siegfried Köhler eigentlich von Wedekind zum GMD berufen worden, oder war der schon vorher in Saarbrücken?

Brigitta Mathieu
Wedekind hat ihn engagiert als GMD und die beiden, das kann ich nochmal sagen, waren eine Sensation. Eine Sensation!

Holger Schröder
Kann man sagen, dass der Schwerpunkt von Hermann Wedekinds künstlerischer Arbeit eher im Musiktheater gelegen hat?

Brigitta Mathieu
Beides, würde ich sagen. Ganz groß war er auch im Schauspiel! Wir hatten ein Gastspiel in Basel, wir haben dort die *„Möwe"* gespielt mit unseren Leuten und wir wurden dort empfangen, das kann man alles nicht erzählen. Es war eine Sensation! Das Stück fing an mit einer Pantomime, in der sich zwei Zigaretten drehen und die eine nimmt der anderen die Streichhölzer weg – da fingen die Leute schon an zu lachen! Wedekind versuchte tragische Dinge so zu transportieren, dass sie…

Holger Schröder
…leicht wurden, ohne oberflächlich zu sein.

Brigitta Mathieu
Genau! Aber von seiner künstlerischen Herkunft war er zunächst einmal Sänger, in Dresden. Das hat ihn in der Gefangenschaft geradezu gerettet. Er hatte ein Buch dabei, mit Fotos und persönlichen Erinnerungen,

und während eines Marsches setzte sich Wedekind ab, versteckte sich zunächst in einem Graben und flüchtete später dann in eine Kirche. Da kam ein Pfarrer und sah Wedekind mit einem Foto aus *„Macht des Schicksals"*, wo er als Pfarrer selbst auf der Bühne stand... und das hat den Pfarrer so fasziniert, das war sein Lebensretter!

Holger Schröder
Weil beide im gleichen Augenblick spürten, wie sie das Schicksal miteinander verbunden hatte, oder? Irgendwo habe ich gelesen, dass er immer an das Verbindende in der Kunst geglaubt hat, an das, was alle Völker miteinander unsichtbar verknüpft. Dass das Theater das Gemeinsame aller Völker der Welt darstellen kann. So wie Sie ihn beschreiben, mutet er an wie ein sensibler Mensch; aber er muss auch ein ganz schöner Theaterpatriarch gewesen sein. Wenn er allein mit vier Assistenten in Wiesbaden nicht einverstanden gewesen sein soll, dann hat es in Saarbrücken bestimmt ziemlich oft ein richtiges Theaterdonnerwetter gegeben.

Brigitta Mathieu
Es gehört eben nicht nur Sonnenschein ins Haus, sondern auch mal ein reinigendes Gewitter. *„Wenn du aus den Fehlern, die du gestern gemacht hast, nichts lernst, dann bist du ein stinkender Tümpel und fließt nicht".* – Das hat er gern gesagt.

Der Theaterpatriarch:
Szenenphoto aus der Saarbrücker Aufführung
der Oper „Carmen", Photo: privat

Holger Schröder
Frau Mathieu, wir sollten zu ein paar programmatischen Punkten kommen, zum Beispiel zur Spielplangestaltung. Hatte er da gewisse Vorlieben, Schwerpunkte?

Brigitta Mathieu
Er hatte eine Vorliebe, einen Zug, den fand ich ganz toll; auch wenn sich das nicht immer alles verwirklichen ließ.

Wir hatten einen Zuschauer, den *„Mr. Bravo"*, der hat sich immer alles angesehen, Oper, Operette, Musical; den hat Wedekind immer sehr freundlich begrüßt und gesagt, dass sich das Theater immer freue, wenn er da vorn in der ersten Reihe sitze. Ob er denn nicht mal einen Wunsch habe, was das Theater spielen solle. Denn das Publikum sei ja Majestät und man soll es dann auch bedienen. Und da sagte Mr. Bravo: *„Land des Lächelns"* – mit Rudolf Schock. Und das

Der Theaterpatriarch: Hermann Wedekind, Alfred Schwarz und Prof. Siegfried Köhler (2. von links) in Tbilissi, Photo: privat

machte Wedekind dann. Ich hatte *„Land des Lächelns"* in Berlin mit Rudolf Schock gesungen. Er kam dann als Gast, obwohl wir hier einen sehr guten Tenor hatten, Gerhard Nathge, der hat alles gesungen.

Holger Schröder
Das ist der Vater von unserem heutigen Kassenleiter, Gerd Nathge...

Brigitta Mathieu
Der sang Macht des Schicksals, Verkaufte Braut, Siegfried, den Lohengrin,

Land des Lächelns, La Boheme, der sang alles, alles! Wir haben den ganzen Ring mit eigenen Leuten gemacht, weil wir kein Geld für Gäste hatten. . .

Holger Schröder
Einige Künstler aus Saarbrücken haben später auch große Karrieren gemacht.

Brigitta Mathieu
Große Karrieren. Trudeliese Schmidt, Siegmund Nimsgern, Helmut Pampuch, Grace Bumbry oder Nancy Tatum! Franz Josef Röder (ehemaliger Ministerpräsident) hat mal gesagt: *„Hermann, du bist ja ein Filou! Überall, wo ein Schiff mit tollen Sängern oder Schauspielern ankommt, da bist du und klaust die alle weg und baust sie dann in deine Fußballmannschaft ein!"*

Holger Schröder
Zurück zu Gerhard Nathge.

Brigitta Mathieu
Ja, der hatte eine der schönsten Stimmen, die ich kenne. Der hatte gesungen in der Saarbrücker Eröffnungsinszenierung von Wedekind, Hoffmanns Erzählungen (1960) – ich gehe hin und wieder in Altenheime und singe da; die Leute sprechen mich noch heute darauf an! Der Hermann hat alles ohne Bühnenbild gemacht, wir hatten ja überhaupt kein Geld, alles nur mit Treppen.

Egal, ob *„Zauberflöte"* oder *„Macht des Schicksals"*, und der Gerhard Nathge hat das gesungen; ich habe neulich nochmal mit Horst-Dieter Bächle (ehemaliger Sänger, gestaltet heute die allseits beliebten Theaterführungen) gesprochen und gefragt: *„Wie kann man das heute eigentlich noch beschreiben?"*, und Horst-Dieter Bächle hat gesagt, dass das einfach nicht möglich ist, es sei unbeschreiblich gewesen
Eine dreiviertel Stunde haben die Leute nach Hoffmanns Erzählungen applaudiert, und sind einfach nicht gegangen. Und dann ist Hermann mit den Gästen nach oben gegangen, hat mit denen noch gegessen und getrunken und war glücklich.

Wahrscheinlich war Wedekind doch eher ein Mann des Musiktheaters. Nicht des Schauspiels. Obwohl er in Bonn, kurz nach dem Krieg, eine Schauspielschule aufgebaut hatte, die sogar der große Gründgens rühmte und pries. Brigitta Mathieu lässt sich aber nicht ein auf diesen Diskurs. In ihren Augen glänzen die Lichter des Kronleuchters, und unter dem Kronleuchter steht er, der Intendant, und wird gefeiert und bejubelt von seinem Publikum und von den Politikern.

Fehlte nur noch, dass sie die Tür zum Foyer öffnet und wir hinein gehen in den Trubel... und dann treffen wir sie alle, die Künstler und das Publikum in Seligkeit vereint...

Eigentlich ist das gar keine unangenehme Vorstellung. Brigitta Mathieus Begeisterung wirkt einfach überzeugend Und dann erzählt sie von der Blume von Hawai...

Brigitta Mathieu:
Da hat ja die Technik dem Affen Zucker geben müssen, die sind als Affen aus dem Schnürboden herabgekommen. Der Wedekind ist zur Stadt gegangen und hat gesagt, er braucht keine Statisten, er macht das gern mit seinen Technikern, die kennt er, mit denen möchte er gern auch noch den *„Sommernachtstraum"* machen, die Prügelszene. Das wollte er so. Das fand er besser, als wenn er sich noch irgendwelche Fremde ins Haus holen musste, die man dann bewachen musste. Die Technik hat er bezahlt, das war ihm viel lieber so. Bei *„Carmen"* zum Beispiel, da hatten wir einen Esel aus dem Zoo auf der Bühne und dreißig Kinder, die musste ich während der Vorstellungen dann bewachen.

Holger Schröder
Das klingt ja so, als wenn Sie selbst 24 Stunden im Einsatz gewesen wären?

Brigitta Mathieu
Das stimmt. Wenn ich morgens um sieben Uhr nicht im Büro war, dann rief er immer an: *„Britta, wo bist du? Schläfst du noch?"*
Und ich: *„Nein, ich will mich noch ein wenig schminken..."* – *„Nein, das*

brauchst du nicht! Du brauchst dich nicht zurechtzumachen! Ich sehe Deine gute Seele, das genügt! Diese ewige Schminkerei, das ist ja furchtbar! Das kratze ich dir irgendwann mal alles wieder ab!"

Ich stelle mir nun voller Hochachtung die Frage, wieviel Emanuel Striese (der legendäre Theaterdirektor aus dem Raub der Sabinerinnen) in Wedekind steckte. War er neugierig auf Unbekanntes, vielleicht auch Unbequemes? Viele Zeitgeistautoren tauchen in den Spielplänen auf, schnell wieder verschwunden, aber das ist ja heute nicht anders. Viel Boulevard ist zu entdecken, aber auch Thomas Bernhard und Edward Bond. Ein bisschen Brecht, mehr von Dürrenmatt, kein Ibsen, ganz wenig Russen. Von Tschechov nur *„Die Möwe"*. Dafür erstaunlicherweise Georg Kaiser und Heinar Kipphardt, Peter Handke und Franz-Xaver Kroetz. Viel Mrozek! Mehr von Schiller als von Goethe, und: Peter Weiss. Insgesamt vermittelt das Programm den Eindruck des Repräsentativen; wahrscheinlich hat Wedekind das Repräsentative des Theaters durchaus zu schätzen gewusst.

Michael Wedekind beschreibt den Vater als jemanden, der alles war – nur nicht mittelmäßig. Keine schlechte Voraussetzung um Theater zu machen! Unbestritten ist, dass das Musiktheater unter der Ägide Wedekinds und Köhlers in Saarbrücken und weit darüber hinaus Maßstäbe zu setzen verstand. Das Schauspiel bewegte sich wohl eher im Schatten dieses Glanzes… Wie egoistisch war Wedekind? War er unduldsam? Andere Sichtweisen, ließ er sie zu…? Wie aufs Stichwort erzählt Brigitta Mathieu plötzlich vom Theaterdompteur Hermann Wedekind.

Brigitta Mathieu:
Manchmal war es wie im Zirkus, da musstest du manchmal wirklich auf dem Seil tanzen.

Wir hatten einen Regisseur engagiert, der hat *„Mr. Fox"* gemacht. Die Kollegen haben Hermann Wedekind irgendwann gesteckt, dass er mal zu einer Probe kommen soll. Das hat er dann auch gemacht und dem Regisseur gesagt: *„Guter Mann, Sie haben sich sicher redlich bemüht,* *aber das genügt unserem Publikum nicht. Das reicht vielleicht für Bielefeld, aber nicht für uns hier in Saarbrücken." – „Aber ich muss doch die Geschichte bedienen!" – „Die Geschichte bedienen? Dazu hätten Sie den Text mal lesen müssen, dann hätten sie die Geschichte vielleicht auch verstanden. Aber die Schauspieler hier, die zählen ja nur Einszweidrei, wer hat den Ball?"* Wedekind hat dann das Stück zu Ende inszeniert, das wurde dann bei der Premiere ganz schön ausgebuht. Da ist der Hermann Wedekind vor den Vorhang getreten und hat gesagt: *„Ich ganz allein trage die Schuld"* – und dann hat er das alles erzählt!

Manchmal finde ich es absolut nachvollziehbar, dass Intendanten einsame Menschen sind... und nichts gegen Bielefeld!
Eine lustige Geschichte habe ich noch. Da war Gerhard Nathge schon nicht mehr hier, da wurde Aida probiert und dann kam der Professor Wüst (GMD vor Köhler) zum Wedekind und sagte: *"Also Hermann, Du musst mal mit dem Tenor sprechen"* (das war ein Grieche), *„Der Tenor singt nicht einen* Ton, *wir wissen nicht woran wir sind. Wir wissen nicht, woran wir sind!"*

Und da hat er den Tenor zu sich hoch rufen lassen und alle Kapellmeister und Repetitoren mussten im Flur antreten, acht neun Mann, und dann hat er den Sänger gefragt, warum er nicht singen würde. Er sei selber mal Tenor gewesen, in Dresden, das hätte er gar nicht gewagt gegenüber den Kollegen! Das wäre eine Zumutung gewesen! Zehn Minuten, eine Viertelstunde hat er gepredigt. Der Grieche aber hat geschwiegen und nichts gesagt. – *„Nun sag doch mal was!"* – Und dann hat der griechische Tenor gesagt: *„Du Posten von Stadt – ich Stimme von Gott!"*
Und dann ist der Wedekind runter gegangen, zum Chor, zu den Kollegen,zur Probe. Und Wedekind war echt sprachlos und hat dann nur noch gesagt: *„Ich bin hier wohl das Generalarschloch!"* Aber dann hat er sich doch für den Tenor eingesetzt und prophezeit, dass das ein großer Erfolg werden wird. Und so war es dann auch!

Holger Schröder:
Jetzt müssen wir doch mal einen Schlenker machen zu Hermann Wedekind und seiner Beziehung zu Georgien.

Brigitta Mathieu:
Ich kann mir darüber kein endgültiges Urteil anmaßen. Fest aber steht, dass Wedekind mit allen Politikern, den Georgiern wie dem Röder, ausgesprochen herzlich, geradezu humoristisch umgegangen ist.

Als das SST 1973 in Georgien mit *„Lohengrin"* gastierte, zum ersten mal, da haben die Leute eine halbe Stunde applaudiert. Da hat sich der Hermann gedacht, daran will ich meine Saarbrücker teilhaben lassen. Also hat er sich den Röder geholt, den Oskar (Lafontaine, damals Oberbürgermeister von Saarbrücken) und den Scherer (Werner, ehemals Minister für Kultus, Bildung und Sport).

Dann hat er ihnen gesagt: *„Klar, ihr müsst eure Politik machen, aber jetzt geht es hier um Kunst, jetzt müsst ihr hier mal Kunst machen."*

Holger Schröder:
Am Anfang stand also ein Gastspiel, wenn ich das richtig verstanden habe. Wie kommt man denn auf die Idee, einen solchen Kontakt herzustellen?

Brigitta Mathieu:
Er ist dahin gefahren und fand die Leute toll. Er ist immer in die armen Länder gefahren und hat gesagt: *„Dort müssen wir die Leute unterstützen!"* Er hat sich sehr dafür eingesetzt, dass vor allen Dingen die Ärzte, Politiker und die Künstler da harmonierten und an einem Strang gezogen haben. Wenn bei einer Probe ein Orchestermusiker mal sagte: *„Wir brauchen jetzt eine Pause",* dann war er richtig traurig. — *„Kann denn ein Arzt, der operiert, auch einfach so sagen, dass er jetzt eine Pause braucht? Aber gut, setzt euch mit eurem Hintern in die Erbsensuppe."* Und dann saß er immer ganz traurig im Zuschauerraum. Ich bin dann hingegangen, aber ich konnte ihn nicht ansprechen. Ich habe mich nur neben ihn gesetzt und auf meine nächste Aufgabe gewartet.

Holger Schröder
Es gibt ein Foto von Hermann Wedekind, da ist er schon hochbetagt, das sieht so aus, als würde er eine georgische Volkstracht tragen...

Brigitta Mathieu nutzt die Gelegenheit und holt ihre Fotoalben heraus; wir vertiefen uns gemeinsam und stoppen für einen Augenblick das Aufnahmegerät. Nach der Pause möchte Brigitta noch etwas über Hermann Wedekinds Umgang mit Regisseuren erzählen.

Brigitta Mathieu
Als Wedekind angefangen hat, da war das Theater sehr arm. Da ist er zu den Politikern und hat gesagt: *„Ich brauche meine alten Bäume, um der Jugend Schatten spenden zu können. Helfen Sie mir."*

Und er hatte einen Riesenerfolg mit seinen ersten Inszenierungen. Er hat Rudi Horstmann, ein Phänomen, einen Publikumsliebling in Saarbrücken, den hat er den *„Opernball"* machen lassen – unglaublich! Großartig! Und wir Jungen durften immer zu ihm kommen, er hatte gar keine Sprechstunde, es wurde alles immer sofort ausgesprochen.

Hermann Wedekind in georgischer Volkstracht
Photo: privat

Diesen Bürokratismus mochte er nicht. Und er hatte einen Oberspielleiter, Fred Schröer, der gespielt und gesungen hat und der hat irgendwann
zu Hermann gesagt, als der mal wieder traurig war, *„Hermann, Du darfst kein
stinkender Tümpel sein, du bist der Fluss! Du musst der Fluss sein, der das
Licht hier ins Theater hineinträgt...*
Mir fallen Michael Wedekinds Äußerungen zum Atmen im Gleichklang
ein, das der Vater praktizierte, bis zum Urschrei, seine selbstverständliche
Nähe zu Gott, dem *„Ewig Unsichtbaren"...*

Brigitta Mathieu:
Jeden Morgen ist er um acht Uhr in den Ballettsaal gegangen und hat Yoga
gemacht, den Katzenbuckel, das ganze Programm. Um neun sind wir anderen dazu gekommen. Um zehn Uhr sind wir so voller Energie auf die
Proben gegangen – das war herrlich!

Wedekind war sicher kein Esoteriker; dazu war es für ihn viel zu
selbstverständlich mit Gott zu sprechen. Und wenn er nach Georgien
kam, dann sprach er mit Gott, dass der ihn beschützen möge vor dem
vielen Alkohol, der getrunken werden musste, getrunken werden aus
Respekt vor den Gastgebern! Und gleichzeitig tauchten dort die Erinnerungen wieder auf an die verkohlten Bäume, die Leichenberge des
Krieges und an die Amsel, die auf dem verkohlten Ast eines toten Baumes
saß, und ihr Lied anstimmte. Wie am ersten Tag der Schöpfung.

Holger Schröder
Die Partnerschaft mit Georgien, der künstlerische Austausch, überhaupt
diese internationalen Kontakte – das halte ich für eine ganz große Lebens-
leistung.

Nach dem Ende seiner Intendanz 1976 haben Sie weiter zu ihm gehalten.
Was hat er denn danach gemacht?

Brigitta Mathieu
Vor allen Dingen die Balver Höhlenfestspiele. Die Montserrat Caballé hat da
gesungen, da holte er ganz Georgien hin, das Bolschoi-Theater, unheimlich

viele Chöre.

Holger Schröder
Balve, wo liegt das denn?

Brigitta Mathieu
Im Sauerland. Er hatte aber auch noch viele Kontakte nach Düsseldorf, nach Bonn, wo er die Schauspielschule gegründet hatte. Er war ja auch ein paar Jahre Intendant gewesen in Münster, und dann in Basel – alles vor der Saarbrücker Zeit natürlich.

Holger Schröder
Ist ihm der Abschied als Saarbrücker Intendant eigentlich leicht gefallen? Sie haben ja davon gesprochen, dass bei ihm alles fließen musste, dann war das doch eigentlich ein folgerichtiger Vorgang.

Brigitta Mathieu
Bei ihm war das ganz anders. Er hatte ein Treffen mit dem Zweckverband, 21 Leute glaube ich, die sagten zu ihm: „Hermann, du hast so gute Arbeit hier gemacht, wir wollen dich behalten, aber da gibt es so ein Dreiergremium mit einem Kaufmännischem Direktor, einem Operndirektor und mit dir als Intendanten."
Er hat daraufhin gesagt: „*Meine Herren, das kann ich nicht machen. Ich kann mein Menu nur alleine zubereiten. Ohne mich!*"
Er hat mir das dann auch nochmal erklärt; für ihn wäre das kein Fortschritt sondern ein Fortschreiten von sich selbst.

Holger Schröder
Ist er denn später noch in „sein Theater" gegangen?

Brigitta Mathieu
Aber selbstverständlich.

Holger Schröder
Noch etwas Besonderes am Ende unseres Gesprächs?

Brigitta Mathieu

Eine Geschichte vielleicht noch. Da kam der Schauspieler Volker von Collande mit seiner Tochter und ich sang gerade, und der Rolli kam dazu (Lothar Rollauer, ehemals Staatsschauspieler am Staatstheater) und sagte, *„Die Britta ist schon toll, aber schade, dass sie so maßlos übertreibt."* – Und da hat der Volker von Collande gesagt, *„Britta übertreibt nicht! Dazu müssen wir erst mal bereit sein, so tief zu empfinden, Herr Rollauer."* Und der Hermann Wedekind ist aufgestanden und hat zu mir gesagt: *„Ohne dich…-"* – das war herzzerreißend!

Und noch eine Geschichte fällt Brigitta ein: von Wedekinds erster Begegnung mit Saarbrückens besseren Kreisen, von seinem Sprung in den Swimmingpool des Sparkassendirektors, nur um mal herauszubekommen ob das Wasser echt ist – im Gegensatz zum vorherigen Geschwätz am Beckenrand.

In diesem Moment beginnen an der gegenüberliegenden Alten Kirche St. Johann die Glocken zu läuten.

Brigitta Mathieu

Das isser! Sein Kommentar von oben! Obwohl, der war ja heute hier mitten unter uns.

Hermann Wedekind war kraftvoll, für sein Theater, für die Welt, für Europa. Er hatte hier einen Aktivurlaub auf dieser Welt. Den größten Herausforderungen ist er gewachsen gewesen, ohne Widerstand.

„Gott hat alle Töne erschaffen, jeder einzelne rein und klar, doch wir Menschen machen die Musik. Was Gott für uns tun will, dass kann er nur durch uns tun!" So beginnt ein Text, den Hermann Wedekind geschrieben hat für Brigitta Mathieu, und sie liest ihn vor, übers Aufnahmegerät gebeugt, während die Sonne scheint und die Glocken läuten.

Hermann Wedekind – 100. Geburtstag
Vater Hermann

Michael Wedekind

Den Vater kann man sich nicht aussuchen oder umtauschen.
Vater Hermann war voll engagiert in seinem Beruf, selten zu Hause
und so blieben dem Sohn und der Tochter eine besonders durchgreifende
Erziehung erspart.

Hermann Wedekind mit Ehefrau Grete und den Kindern Michael und Claudia, Photo: privat

Hermann lernte noch vor Kriegsende eine außergewöhnliche
und erfolgreiche Sängerin kennen.
Der Gesang und die Musik hat die Herzen geöffnet.
Dieses Zusammentreffen schenkte uns noch einen Bruder.
Bei einem so geglückten Resultat macht der für einen katholischen Jungen

verbotene Ehebruch Sinn.
Hermann hat sich auch um ihn kaum gekümmert.
Aber unser Vater hat uns schon früh eine Tür
zu einer großartigen Erlebniswelt geöffnet, der Welt des Theaters.
In Bonn direkt nach dem Krieg war es die Schauspielschule in der Wohnung.
Einen Kindergarten haben wir nie besucht.
Dafür hockten wir jeden Tag auf dem Fußboden
und sahen durch den Türschlitz
wie Lehrmeister Herrmann mit seinen Schülern auf dem Boden lag,

Hermann Wedekind mit Schülern der Schauspielschule in Bonn, Photo: privat

den gemeinsamen Atem suchte,
dann den Urton aus der tiefsten Ruhe anschwellen ließ
bis zum ausbrechenden Schrei der totalen Verzweiflung.
Das alles ohne künstlichen zusätzlichen Druck.
Texte von Schiller, Kleist, Hauptmann oder Shakespeare

mit innerer Spannung klar gesprochen und gedacht.
Oder mit eingekniffenen Gesäßmuskeln einen lockeren Gang suchend.
Je größer seine Zuhörerzahl war, desto inspirierter war er.
Für seine Kinder waren seine Reden und Postulate
tägliche Erlebnisse bei Proben und Diskussionen
im Wohnzimmer zu Hause oder im Theater.
Das Bauen von Sandburgen
oder die Regeln von Mensch ärgere dich nicht zu lernen,
waren keine Themen.
Erziehungsprobleme gab es nur wenige.
Hermann sang lieber und schulte seine Stimme,
was auch für uns angenehmer war, als ständig Befehle zu bekommen,
was man nicht tun darf.
Schon als kleiner Junge konnte ich mich
in eine Aufführung *„Der Richter von Zalamea"* von Calderon
ins Theater einschleichen
und sah mit Entsetzen, wie meine Mutter gefesselt, geraubt
und abgeschleppt wurde.
Am Bühneneingang traf ich sie dann unverletzt wieder
und konnte mit ihr nach Hause schlendern.

Mit der Karriere des Vaters ging es schnell aufwärts.
Oberspielleiter in Bonn, dann Intendant in Münster.
Hermann Wedekind gelang es am Stadttheater Münster
eine Woche mit sechs Uraufführungen zu realisieren.
Sechs Premièren hintereinander. Unmöglich.
Es gab viel Protest von allen Mitarbeitern.
Hermann blieb stur und es fanden dann tatsächlich
vor der gesamten deutschen Presse in fünf Tagen fünf Uraufführungen statt.

Die Erlebnisse im Theater waren aufregend und prägend.
Vater sang verzweifelt mit unterdrückten Tränen den Bajazzo.
Mit der Mutter stand er als Bruder Dominik in *„Johanna auf dem
Scheiterhaufen"* von Paul Claudel und Arthur Honegger auf der Bühne.
Hier war sie ganz vorne und machte den Intendanten und Ehemann

einmal zum bemühten Stichwortgeber.
In Basel wurde dann zum großen Erstaunen der deutschsprachigen
Theaterwelt unter 156 Bewerbern Hermann Wedekind Direktor des
Stadttheaters. Jetzt erfand er die internationalen Theatertage.

Jedes Jahr wurden mehrere
Stücke aus einem anderen
Land aufgeführt.
Das alles im Sinne einer
europäischen Verständigung.
Das internationalste
Opernensemble war
in Basel engagiert.
Damals sehr unüblich, da alle
fremdsprachigen Opern
noch in deutscher Übersetzung
gesungen wurden.
Ein deutscher Intendant
erfolgreich in der Schweiz.
Von hier aus wollte er
Friedensakkorde in die
anderen Länder schicken.
Der Gedanke der Mitbestim-
mung wurde an vielen
Theatern ausprobiert.
Auch am Stadttheater Basel
dachte man daran
ein Direktorium zu bilden
aus Intendant, Oberspielleiter
des Schauspiels,
Generalmusikdirektor
und Verwaltungsdirektor.
Das war nichts für Hermann.
Sofortiges Kofferpacken nach
fünf Jahren Basel.

*Hermann Wedekind König Phillipp in „Don Carlos", Staatstheater Saarbrücken,
Photo: Hanne Garthe*

Auf nach Saarbrücken,
um dort fünfzehn Jahre als Generalintendant des Staatstheaters zu regieren.
Er war kein Verfechter der Diskussion.
Im Gegenteil, wenn alle dagegen waren,
war es für ihn Ansporn die ersten Schritte zu machen auf ein Projekt zu,
an das keiner glaubte und das keiner unterstützen wollte.
Internationale Theatertage auch in Saarbrücken.
An seinem Schreibtisch saß er immer hinter einem Berg von Akten.
Verträgen, Fotos, Kritiken, Programmheften, Verlagsbroschüren,
Briefen, Bewerbungen, Textbüchern und Noten.
War einmal eine Entscheidung noch offen und schnell zu fällen,
half ihm ein Griff in dieses seit Jahren aufgestapelte Papiergebirge.
Er hatte für alles eine Erklärung.
Für seine Schreibtischgestaltung:

„Unordnung ist immer für eine Überraschung gut."
Einmal war ich bei einer Entscheidung dabei.
Ein Griff durch die Papierstapel hindurch nach ganz unten,
in der zugreifenden Hand ein Textbuch – Gabriel Marcel – EIN MANN
GOTTES.

Die Entscheidung war gefallen, die Erstaufführung damit gesichert.
Als Sohn hatte ich nicht die Gabe, dieses Prinzip übernehmen zu können.
Ich habe mich für eine klare Ordnung entschieden.
Als Kind war man immer willkommen, wenn der Vater wieder mal
nach einer seiner unzähligen Premièren gefeiert und bejubelt wurde.
Einen ganz besonderen Höhepunkt erreichte er,
als es im Theater mal wieder Probleme zu lösen gab,
Hermann mit seinem Griff in die Aktentürme auf seinem Schreibtisch
kein Glück hatte und dann den Einfall verfolgte, kurz eine Dienstreise
anzutreten.

Ein weiteres Moto von ihm: *„Vieles erledigt sich auch von alleine."*
Ein kurzer Abstecher nach Kaiserslautern, um sich einen Tenor anzuhören,
endete in Moskau.

Dort mehrtägiges Warten auf der Botschaft bis er eine Audienz bekam.
Die Einreiseerlaubnis nach Georgien wurde erkämpft.

Warum Georgien? Das wusste nur Hermann.
Und sehr wahrscheinlich nicht einmal er.
War es ein Wink von oben aus den himmlischen Gefilden?
Hermann hatte eine starke Beziehung zu dem ewig Unsichtbaren.
Er kannte ihn.
Er telefonierte sogar mit dem göttlichen Vater.
Ein Austausch mit Georgien. Politisch undenkbar.
Unnötig und nicht bezahlbar. Kein Argument sprach für den Initiator.
Er hatte ein Ziel im Kopf. Nur keinen Schritt zurückgehen.
Das Resultat: Erster Austausch von mehreren Gastspielen
einer deutschen Stadt
mit der georgischen Hauptstadt Tbilissi.

Ein Tor zum Osten wurde weit geöffnet.
Ein Triumph:
Das georgische Ensemble flog mit 300 Personen in Saarbücken ein
und spielte die georgische Nationaloper Daissi von Paliaschwili.
Undenkbar aber wahr.

Kunst führt die Völker zusammen.
Für alle Saarbrücker, die in Tbilissi gastierten
war die georgische Gastfreundschaft übergroß.
Es gab jeden Tag ein Festmahl
und die letzte im Keller versteckte Flasche wurde geöffnet.
Die Saarbrücker gingen mit den gastierenden Georgiern
etwas dezenter zur Sache.

Ein Gläschen Wein oder ein Kaffee
und ein in Georgien unbekanntes Stück Sahnetorte wurde offeriert.
Die Georgier staunten über die vielen Marmeladensorten, Konserven,
die verschiedenen Nylonstrümpfe, Medikamente und Automarken.
Alle Kaufhäuser und Lebensmittelläden waren unbekannte Welten.

Hermann ließ sich feiern, zu Recht.
Georgiens Ehrenbürgerschaft wurde ihm verliehen.

*Ernennung zum Ehrenbürger Georgiens durch den Präsident Eduard Schewardnadse,
Photo: privat*

Auf Vorschlag seiner Freunde hat der damalige Bundespräsident
Johannes Rau ihm für seiner Verdienste um die erste deutsche Partnerschaft
mit einer Stadt in der Sowjetunion das Bundesverdienstkreuz verliehen.
Der Theaterplatz in Saarbrücken wurde umgetauft in Tbilissiplatz.
Sohn und Tochter gehörten auch zu den staunenden Beobachtern.
Seinen Lorbeerkranz hatte er sich verdient.
Es soll Menschen geben, die in Harmonie mit ihren Gefühlen,
ihrem Wollen und ihren Taten leben.
Es gibt Naturschöpfungen, wo Gut und Böse, Stärke und Schwäche,
Fantasie und Trägheit, Liebe und Hass explosive Kämpfe bestreiten.

Unter diesen glücklich unglücklichen Menschen ist
Hermann Wedekind zu finden.

In ihm tobten die Gegensätze. Daraus holte er seine Impulse.
Bedeutendes entspringt meist nicht einer nachvollziehbaren Ordnung.
Eher außerhalb jeder erkennbaren Logik bewegen sich
die besonderen Gestalter.

Der frommste Komponist schrieb nicht die größten Choräle.
Der erfolgreiche Künstler nicht die beste Musik.
Der traurigste schrieb die schönsten Liebesmelodien.
Himmlische Musik schrieb der, der allen weltlichen Genüssen
gierig hinterher rannte.
Die gewaltigste Musik komponierte der, der nichts hörte.
Außerhalb der Ordnung bewegte sich auch Hermann Wedekind.
Er tanzte immer aus der Reihe.
Suchte immer da, wo andere nichts entdecken konnten
und die Nase rümpften.

Er folgte nicht der Vernunft, sondern seinem Instinkt.
Als er in die Pension musste, schnaufte er dreimal tief durch
und konnte noch einige Gastspiele als Regisseur realisieren.
Dann wurde es ruhiger. Er zog sich in sein Haus auf dem Land zurück.
Als keiner ihn mehr interviewen oder fotografieren wollte
setzte er sich oft selbst die Krone auf und ließ nicht locker,
jeden Tag eine mehrstündige Videoaufzeichnung von seinen Ideen,
Wünschen und Erfahrungen aufzeichnen zu lassen.
War keine hilfsbereite Hand eines Nachbarn mehr an der Kamera,
fand er schnell eine Lösung sich selbst aufzunehmen.
Er hielt sich seine Schreibtischlampe unters Kinn,
rückte Mund und Nase damit ins Licht und redete bis zum Bandende.
Meistens wurde sofort eine neue Kassette eingelegt.
Hunderte von Videokassetten stapelten sich an den Wänden.
Sein ganzes Leben lag mit Fotos, Berichten, Kritiken
und Aufzeichnungen auf dem Boden.

Bild rechts: Hermann Wedekind, Photo: privat

Er schritt selbst immer wieder staunend
auf den Dokumenten seines Lebenswerks herum.
Was er dachte, fühlte, erkannte und lehrte,
was er verstand und nicht verstand, konnte nur er verkaufen.
Er lebte in seiner Welt.
Wie er im See seiner Ideen schwamm, oft auch untertauchte,
dann aber umso kraftvoller weiterkraulte,
um wieder ein neues Ufer zu erreichen,
war bemerkenswert.
Keiner konnte ihn bremsen.
Im Chaos fand er Ordnung.
Im Zufall die Entscheidung.
Er irrte ohne sich zu verirren.
Alles war er, nur nicht mittelmäßig.
Nie in der Mitte und niemals mäßig.
Immer Grenzen überschreitend.
Ein homo ludens, der auf seinem Lebensklavier
die merkwürdigsten Harmonien fand.
Ein Sonderling, unerschütterlich in seinem Glauben,
dass aus der Rebe, die er pflanzt, ein Weinberg wird.
Häufig vergessend die vielen Freunde und Mitarbeiter,
die für ihn den steinigen Hang beharkt haben.
Manche ausschweifenden Reden blieben im Nebulösen hängen.
andere führten zu aufregenden Resultaten.
Aber zur Ruhe gekommen ist er nie.
„Kunst kennt keine Grenzen, Kunst führt die Völker zusammen"
dieses Motto beherrschte sein Leben.
Eine aus jedem Rahmen springende Persönlichkeit.
Nie jammernd, nie aufgebend, nie nachlassend sein Ziel verfolgend.
Leider nicht kopierbar.
Als Kind ist man dankbar einen so außergewöhnlichen Vater
gehabt zu haben.
Die meisten, die ihm begegnet sind, bewundernd oder kritisierend
werden diese Persönlichkeit wohl auch nicht so schnell vergessen.
Ein Unikat mit Ecken und Kanten.

*Bild rechts: Hermann Wedekind mit Glücksschwein zu Sylvester,
Photo: privat*

Hermann Wedekind als Kind
auf dem Schaukelpferd, Photo: privat

Hermann Wedekind – Eine Biografie

Name: Wedekind
Vorname: Hermann
Geburtsdatum: 18. November 1910
Geburtsort: Coesfeld/W.
Letzter Wohnort: Wadern
Konfession: katholisch
Familienstand: verheiratet mit Margarete,
geb. Schaun (Schauspielerin)
Kinder:Michael (Oberspielleiter), Claudia (Schauspielerin), Andreas (Tierarzt)

Schulbildung

1917-1928

Realgymnasium in Witten / Ruhr. Zweimal sitzengeblieben.
14 Tage vor dem Abitur aus der Schule, der Familie,
der Vaterstadt Witten ausgebrochen

1927

Erster Schauspielerfolg auf der Freilichtbühne Witten als „Zettel"
in Shakespeares „Sommernachtstraum"

Beruflicher Werdegang

Stadttheater Hagen **1928-1931**
Mädchen für alles, Volontär und Assistent,
zeitweise auch Inspizient,
Kulissenschieber, Beleuchtungs-
und Malergehilfe,
Spezialist für Schreie hinter der Bühne,
Tierstimmenimitator,
Schauspieler und Sänger

Hermann Wedekind, Photos: privat

Stadttheater Bielefeld **1932-1934**
Schauspieler und Sänger

Deutsches Theater Berlin **1934-1939**
Schauspieler und persönlicher
Regieassistent von Heinz Hilpert

Schauspielhaus Königsberg **1939-1940**
Schauspieler

Deutsches Theater Berlin **1940-1942**
Schauspieler und persönlicher
Regieassistent von Heinz Hilpert

Staatsoper Danzig **1942-1943**
Heldentenor
Staatsoper Dresden **1943-1945**
Heldentenor, Eigenes Soldatentheater: Regisseur,
Bühnenbildner, Organisator und Darsteller

Fulda **1945-1946**
Alleinunterhalter in Sachen Kunst und Glauben;
Künstlerischer Leiter des Laienspiels im Bistum Fulda

Bonn **1946-1950**
Oberspielleiter des Schauspiels, der Oper und Operette
und künstlerischer Leiter der Schauspielschule

Münster **1951-1954**
Intendant des Stadttheaters;
Grundsteinlegung des neuen Theaters

Basel **1954-1960**
Direktor des Stadttheaters

Saarbrücken **1960-1976**
Intendant des Stadttheaters

Saarbrücken **1970**
Ernennung zum Generalintendanten

*Hermann Wedekind als Generalintendant mit seiner
Frau Grete Schaun, Photo: privat*

1972
Erste Einladung nach
Georgien /Tbilissi

1973
Aufführung der georgischen
Oper „Daissi"
im Staatstheater;
„Lohengrin" – Erstauf-
führung in Tiblissi

1975
Verleihung des
Professor-Titels

1984-1994
Künstlerischer Leiter
der Festspiele Balver Höhle

Hermann Wedekind und Oskar Lafontaine,
bei der Vorstellung des Buches
„Hermann Wedekind
erzählt sein Leben", Photo: privat

Hermann Wedekind anlässlich eines
Empfangs Anfang der 90er in der
Staatskanzlei Saarbrücken,
Photo: privat

Historisches
1966
Polnische Theatertage

1968
Russische Theatertage

29.Mai bis 9. Juni 1974
Georgische Woche in Saarbrücken

17.9.1978
Dreierpartnerschaftsvertrag
Saarbrücken - Nantes - Tbilissi

20.9.1978
Ein Teil des Schillerplatzes in
Saarbrücken wird in
„Tbilisser Platz" umbenannt

14.bis 20.11.1978
Georgische Woche im Saarland

12.9.1987 *Länderpartnerschaft*
Saarland-Georgien
wird in Saarbrücken
offiziell besiegelt

1990 *Zum 80. Geburtstag von*
Prof. Wedekind wird im
Staatlichen Archiv Georgiens
das Hermann Wedekind-Museum
eingeweiht

Hermann Wedekind in Wedern, Photo: privat

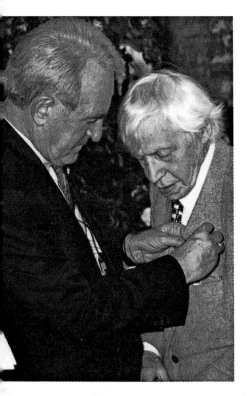

Auszeichnungen
Juli 1982 *Albert-Schweitzer-*
Friedenspreis

23.2.1984 *Bundesverdienstkreuz*
Erster Klasse

23.11.1985 *Saarländischer*
Verdienstorden

1994 *Ernennung zum Ehrenbürger*
von Kutaissi

1995 *Ernennung zum Ehrenbürger*
Georgiens Gründung des Hermann-
Wedekind-Hauses in Kutaissi

1995 *Kulturpreis von Nordrhein-*
Westfalen

Aufführungen im Ausland
USA, Frankreich, Schweiz, Österreich,
Polen, Rumänien, Jugoslawien,
Spanien, Persien, Ungarn, Holland,
Russland, Georgien

Bundespräsident Johannes Rau
verleiht Herrmann Wedekind das
Bundesverdienstkreuz, 1984

Aufführungen in Georgien
Lohengrin, Zauberflöte, Der fliegende Holländer, Margarete,
Draussen vor der Tür, Physiker, Catharina von Georgien,
Nathan der Weise, Besuch der alten Dame, Kabale und Liebe, Fidelio,
Das große Welttheater

Inszenierungen in Deutschland
Aachen, Bielefeld, Fulda, Dortmund, Gelsenkirchen, Oberhausen,
Grandersheim, Balve, Bonn, Münster, Hannover, Köln, Wiesbaden,
Karlsruhe, Mainz, Saarbrücken, Oldenburg

Bild rechts:
Hermann Wedekind: „Man kann sich auch mit Messer und Gabel umbringen",
Photo: privat

Kurt Bohr
* 1947 in Hintertiefenbach
  (Rheinland-Pfalz)

- 1966-1970 Studium der Rechtswissen-
  schaften und 1975 Promotion an der
  Universität des Saarlandes

- 1985 Staatssekretär im Ministerium
  für Bildung und Sport des Saarlandes

- Von 1991 bis 1996
  Chef der Staatskanzlei des Saarlandes

- 1996-2007 Geschäftsführer der
  „Saarland Sporttoto GmbH" und der „Saarland-Spielbank GmbH"

- Seit 1993 Präsident des Saarländischen Turnerbundes und Vizepräsi-
  dent des Landessportverbandes für das Saarland Vorsitzender der Saarländischen Gesellschaft für Kulturpolitik und Präsident der Freunde der
  Deutschen Radio Philharmonie

- Herausgeber von Opus Kulturmagazin

Martin Buchhorn
* Oktober 1944 in Wiebelskirchen

- Fernsehregisseur, Drehbuchautor, Journalist und Schriftsteller.

- Lehre als Automechaniker, Radio-und Fernsehtechniker sowie Elektroniker.

- Ab 1970 Hörfunkreporter beim Saarländischen Rundfunk.

- Anfang der 70er Jahre Dramaturg und Regisseur unter Hermann Wedekind am Saarbrücker Theater.

- Von 1984 bis 2004 Leiter der Abteilung *„Fernsehspiel und Serien"* beim Saarländischen Rundfunk. *„Erfinder"* Tatortkommissar Palü (Jochen Senf) in der Hauptrolle.

- 1997 Produzent, Redakteur und Regisseur der Verfilmung des Romans *„Die Rättin"* von Günter Grass.

- Ab 2004 Dozent am Deutschen Drehbuchkontor *„Stoffwechsel"* in Saarbrücken .

- Lehrbeauftragter an der Hochschule für Musik Saar.

- Von 1984 bis 2006 ehrenamtlicher Geschäftsführer des *Saarländischen Künstlerhauses*

- Kurator bei zahlreichen regionalen und überregionalen Kunstausstellungen.

- Mitglied im *Verband deutscher Schriftsteller (VS)*, 1984-86 im Bundesvorstand.

Hans Bünte
* 1934 in Berlin

- Musikstudium (Violine, Kammermusik) an den Hochschulen von
  Berlin und Freiburg / Br.

- 1958 von Karl Ristenpart zum Saarländischen Kammerorchester geholt;
  zahlreiche Auftritte mit diesem
  Ensemble in Europa und USA,
  auch als Solist.

- Ab 1972 in gleicher Position beim
  RSO Saarbrücken.

- Gleichzeitig Dozent für Violine und Orchesterstudien
  an der Musikhochschule des Saarlandes.

- Redaktionsmitglied (Musik) bei Opus Kulturmagazin.

- Schriftstellerische Tätigkeit, Musikfeuilletons für Zeitungen
  und Rundfunk, Drehbücher für SR und ZDF, Theaterstücke.

- Zahlreiche Beiträge zur Reihe *„Zeugen des Jahrhunderts"* (ZDF).

Heinz Garber
* 1928 in Marl/Westfalen

- Studium der Geschichte, Deutschen
  Literatur und Philosophie an der
  UniversitätFreiburg/Br.

- 1953 Promotion.

- Bis 1963 Redakteur beim
  Südwestfunk.

- Dann Wechsel zum
  Saarländischen Rundfunk.

- Zuletzt dort Leiter der Programmdirektionen Hörfunk und Fernsehen.
  Vorsitzender der Deutsch-Georgischen Gesellschaft im Saarland e.V.

Tamaz Gvenetadze
* 1956 in Kutaissi/Georgien

- Studium der Germanistik und
  Geschichte

- 1986 Promotion in Tbilissi

- Ab 1989 Dekan in der Fakultät für
  Europäische Sprach- und Literatur-
  wissenschaft an der Universität Kutaissi

- 1994 Assistent von Prof. Wedekind
  im Saarland

- Seit 1996 Dozent am Institut für Berufsbezogene Information
  und Schulung (IBIS)

Alexander Kartozia
* 1959

- Studierte Germanistik und Sprach-
  wissenschaft in Tbilissi und Berlin

- 1989-2005 Professor für deutsche
  Philologie an der Iwane-Dschawa-
  chischwili-Staatsuniversität Tbilissi.

- 1994-1995 Stipendiat der Alexander von
  Humboldt-Stiftung an der Universität
  Göttingen (SFB „Die literarische Über-
  setzung", Prof. Dr. Horst Turk)

- 1997-1998 – Leiter der Nationalbibliothek Georgiens

- 1998-2004 – Bildungsminister Georgiens
  im Kabinett Eduard Schewardnadse

- Seit 2005 Präsident des georgischen *Alexander von Humboldt-Clubs*

- z. Z. Gastdozent für Kaukasus-Studien an der Europa-Universität Viadrina
  Frankfurt (Oder) und der Freien Universität Berlin.

*Brigitta Mathieu,
8oer Jahre*

Brigitta Mathieu
* 1935 in Bad Muskau

- Gesangsstudium am Stern'schen
  Konservatorium Berlin unter der
  Leitung von Hans Joachim Moser

- Entdeckung durch Hans Rosenthal
  beim Jugendwettbewerb „*Sprung-
  brettl*"

- Von 1958 bis 1960 Opern- und
  Operettensoubrette bei den
  Berliner Operngastspielen

- Anschließend bis 1962 Pfalztheater
  Kaiserslautern

- 1962-1965 Stadttheater Saarbrücken, engagiert von Hermann Wedekind

- 1966-1967 Rückkehr nach Berlin, danach persönliche Assistentin von
  Wedekind

- Sängerin und Schauspielerin für alle Kunstgattungen. Auftritte bei Live-
  Konzerten RIAS und SFB (Sender Freies Berlin) und dem Saarländischen
  Rundfunk. 1989 Ernennung zur Kammersängerin

- Dozentin für Gesang an der Hochschule für Musik des Saarlandes bis
  2002, danach Privatunterricht als Gesangspädagogin

- Seit 2000 Musiktherapeutin im Klinikum Merzig für Psychiatrie und
  Psychotherapie

Heinz Mudrich
*1925 in Berlin.

- Nach der Schulzeit Wehrdienst

- 1946, Rückkehr aus der Gefangenschaft

- Danach erste Anstellung als
  Lokalredakteur in Berlin

- Später Studium und Promotion

- 1959 als Feuilletonchef
  zur Saarbrücker Zeitung

- Aus seinen Texten entstand das Buch *„Zeitgeschichten"*
  im Gollenstein Verlag

- Seine Frau Eva Maria Mudrich war eine erfolgreiche Hörspiel-Autorin

Holger Schröder
* 1962 in Hannover.

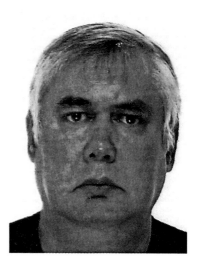

- Studium Theaterwissenschaft,
  Neuere deutschen Literaturgeschichte
  und Philosophie

- 1990 Abschluss mit Magister Artium.
  Erste Theaterstation als Dramaturg:
  Landestheater Detmold

- Danach freiberuflich mit Engagements u.a. am Schauspiel Marburg/
  Nordhessisches Landestheater

- Seit 1996 Dramaturg am Saarländischen Staatstheater Saarbrücken.

- Verfasser verschiedener Aufsätze für theaterwissenschaftliche Publika-
  tionen, Autor für Reclams Rock Klassiker (2003) und für Reclams neuen
  Schauspielführer (2005).

Alfred Schwarz
* 7. Mai 1925 in Saarbrücken

- Verwaltungsjurist

- 22 Jahre im Kultusministerium tätig

- Dort u.a. von 1972 bis 1985 in der
  Partnerschaft mit Tblissi eingesetzt

Michael Wedekind
* 7.3.1941

- Begann als Regieassistent und
  Schauspieler bei Heinz Hilpert am
  Deutschen Theater in Göttingen

- Er wurde Oberspielleiter
  des Schauspiels
  am Stadttheater Lübeck

- Dann Oberspielleiter der Oper am
  Stadttheater Heidelberg

- Fünf Jahre war er Direktor am Atelier
  Theater in Bern

- Als freier Regisseur hat er an 25 Theatern mehr als 200 Inszenierungen
  gemacht im Bereich Schauspiel, Oper, Operette und Musical.